Peace
Garden

ピースガーデン

········ 継承の庭 ········

山中茉莉
Mari Yamanaka

八坂書房

その朝のいのち

一瞬の閃光が　空を引き裂き
降りだした黒い雨
避けるすべなく
ただ　濡れていた
その朝の　いのち

キノコ雲覆う時
恐怖の闇
冥土へと導く
戻るすべなく
ただ　震えていた
その朝の　いのち

爆風が街を蹴り
瓦礫の底に
彷徨える被爆者
生きるすべなく
ただ　埋もれゆく
その朝の　いのち

ふるさとは焼け崩れ
火の海となり
横たわる屍
消すすべもなく
ただ　灰となりし
その朝の　いのち

ふるさとの慰霊碑に
幾千万の懺悔あり
幾千万の言葉を紡ぎ
刻まれし平和の誓い
祈りとなりし
その朝の　いのち

HIROSHIMA (ATOMIC) STRIKE

米軍機より撮影したきのこ雲。昭和 20（1945）年 8 月 6 日、人類史上最初の
原子爆弾が広島市に投下された（撮影／米軍、提供／広島平和記念資料館）

Life on that morning

A sudden flash tore the sky.
A black rain,
inescapable,
fell and stained
all life on that morning.

A mushroom cloud, enshrouding all
with the darkness of fear,
leading souls away to the underworld
with no hope of return,
in its wake left only trembling
for life on that morning.

A shockwave struck the city
and beneath its wreckage
hibakusha, seeking
a path back to existence,
found only the burial
of life on that morning.

Our beloved city, destroyed,
became an ocean of fire
in which corpses lay
powerless to quench it.
There was naught but to become ash
for life on that morning.

On our city's memorials,
countless confessions,
countless words, woven together,
are carved in stone: an oath of peace.
They become the prayer
of life on that morning.

翻訳：Nicholas Akers（ニコラス・エイカーズ）

原爆が投下された翌日の爆心地あたり。まだ煙が立ちこめていて、
前方にドームが見える（撮影／岸田貢宜氏、提供／岸田哲平氏）

Suffering from my memory, kept alive by my memory

Mari Yamanaka

I was two years old when the atomic bomb was dropped on Hiroshima on the morning of August 6, 1945. As such, I do not remember anything about that morning. However, I grew up hearing about the devastation of that morning from my mother, who ran around near the hypocenter with me as she tried to escape. We lived in Nakahiro-machi. My aunt and my grandmother also shared their experiences with me many times ever since I was young. In addition, 1 to 2 years after the end of the war, there were burnt field of ruins left in Hiroshima, such as telephone poles and crumbling houses everywhere in Nakahiro-machi, and as a child that scenery was etched vividly on my heart. By combining my memories with the devastation of the atomic bombing that my mother told me about, I came to understand and remember the events of that morning and the aftermath.

[8:15 Drop of A-bomb]

8:15 a.m. For a moment, there was a strange flash of light. Suddenly, the ground reverberated along with a loud roar, and the earth was shaking. At the same time, our surroundings became pitch black. My mother almost fainted, not knowing what had happened, but my crying brought her back. We were covered with black smoke and dust, and when my mother strained her eyes through the dark, she was surprised to see that her surroundings had changed completely. Our large house had turned into a pile of rubble, leaving only crumbling sections behind. In an instant, many houses were blown up by the blast, were torn apart in the air, and shattered tiles, timber, walls fell to the ground.

I was blown to the dirt floor a few meters away, and I was crying, with blood on my forehead, cut by a nail from a pillar that had fallen. My face was covered with blood, and my mother was in shock and kept calling for my grandmother.

"Mom! Look at Noriko, my Noriko!"

My mother hugged me tight and sobbed, screaming, as if she had lost her mind. My grandmother quickly came and slapped my mother hard, "Keep it together!" My mother regained her senses and stood up to go find her son, Katsuhiro (3 years old). He was trapped under a shoe stand.

My brother had burns (which later became keloids) on his legs, and they were red from the heat rays that came through the gaps in the wall. My cousins, who had been reading a picture book, got caught under the collapsed house, but Tadashi (6 years old) came out from the house and tried to rescue his brother Wataru (4 years old).

Satoshi (8 years old), who was playing outside, also came back and found the lady next door trapped under the house, so he rescued her with the help of his grandmother.

Toshiyuki (2 years old), who was sleeping in the shade of a palm tree, was blown away and slammed into a nearby yard, causing him to go limp.

By the time my grandmother rescued the children, the area was blocked by a sea of fire, and it had become hard to escape. Back in those days, most houses were made of wood, so they burnt easily, and the fire spread quickly. My mother was trying to put the fire out by filling a bucket with well water but my grandmother urged her to stop and shouted, "We need to run!" When my mother was about to pick me up, still covered in blood, she heard a heartbreaking cry from the rubble. It was a neighbor trapped under her house.

"Let me out. I'm hurt." "Help me."

She was crying and screaming.

Parts of her body and hands were visible, but her face was under a large piece of timber. My mother could not do anything to save her neighbor. She realized that there were screaming voices everywhere. Normally, this area had many fields and houses were built far apart, so it is a quiet town but that morning, she heard voices crying for help everywhere.

While my mother did not know what to do, she heard the cries turning into desperate screams. My grandmother pulled my mother's arm and asked her to get down on her knees in front of the debris. My grandmother also got down on her knees and bowed down. She shouted, "Please forgive us. We cannot help you. Please forgive us!!" They put their hands together and apologized for not being able to help. My grandmother shouted for forgiveness many times, and then encouraged my mother. The children were afraid of the approaching flames, and they were all crying.

My mother carried me and held my brother's hand, and my grandmother picked up Toshiyuki who had become limp.Satoshi, Tadashi, and Wataru were asked to hold on to a long rag so as not to get lost.

"Don't you let go of this rag. You got me?"

Our grandmother made sure to keep them together. My family ran towards a bamboo thicket. My grandmother, my mother, and all the children ran desperately. Everyone was scared and was crying aloud.

It is said that 50% of the damage caused by the A-bomb was by the blast. The blast that hit my hometown, Nakahiro-machi, was powerful enough to turn the town into a pile of rubble at a speed of 120 meters per second, which also popped out people's eyeballs, tore skin, and ripped off clothes. It is said that the heat rays set fire to the rubble and turned the whole town into a sea of fire. The temperature was close to a blast furnace.

At that time, there were seven rivers in Hiroshima City, and many people gathered at the river in search of water. We headed to the Yamate River at the western end. We ran through the shallow waters of the Fukushima River flowing in front of us and headed for the bamboo grove.

The bank of the Yamate River was below the grove, and the riverbank was already filled with many wounded people. While looking for a place to rest, we stepped over many corpses, and all of them were facing the river. Everyone must have wanted water.

We kept on walking the narrow path but we could not find a space to sit. The children were holding tightly to the rag and trembling. They were frightened by the unusual sight around them.

[Exposed to Black Rain]
After evacuating, it started to rain. "It's been about an hour since the bomb fell." That is what my family heard from someone nearby. Once it started to rain, in no time, people trying to take shelter from the rain all gathered under the bridge.

My mother and my grandmother found a spot near the river and let the children rest. They hugged them so as not to catch a cold from the rain. They covered their heads with a thin iron plate and waited for the rain to stop.

The rain soon turned to black rain. It quickly turned into a stiff substance like coal tar. The thick rain made a loud noise, and the children were so scared that they could not cry and were shaking.The rain soaked everyone. My mother was trying to wipe away my blood. My face turned blackish red from the rain. The black rain quickly dried up due to the surrounding heat, and it was difficult to wipe off my blood. My mother spat on a piece of cloth to wipe my face. She wiped my face while crying, so my grandmother said, "Don't cry!" and scolded my mother, but in fact, she was crying as well.

"It was such a heartbreaking moment..."

My mother spoke to be about the black rain only when I became a junior high school student. Many A-bomb survivors were exposed to radiation from the black rain and were diagnosed with thyroid cancer later on in life. My mother also suffered from thyroid disease in her final years. I believe the black rain went into her mouth along with her tears.

The black river carried many corpses of people, horses, cows, and dogs. Some might have been still alive, but they were all sent to the sea. Hiroshima's rivers are so close to the sea, that they have tides. Many corpses that were floating at high tide were taken away during the low tide.

People say the city of Hiroshima was still burning even after the rain. The city burned for three days and three nights. The fire dyed the sky red day and night. Toshiyuki, who was limp in his grandmother's arms, cried in a weak voice. He was hungry, so my mother tried to feed him breast milk, but it did not come out. My mother was thinking about her sister, who had left for work in the morning. She must be worried about her children.

"Sister, where are you? Don't die, your child is waiting for you, sister..."

My mother kept calling her sister's name in her heart. My grandmother must have thought the same thing. Neither of them could sit still so they decided to go back to their burnt house. They wanted to be there to wait for my aunt to come home.

[At the burnt ruins (sleeping outside)]

When we returned to the house, everything had been burnt down without a trace, it was all black. Just a while ago, there had still been some crumbling houses, furniture, flying timbers, and piles of rubble... However, now, nothing was left: they had all been reduced to ashes and charcoal.

My aunt did not come back that evening, and so my grandmother asked the neighbors to find her.

That night, a neighbor found my aunt. She was standing near the well and muttering, "Where are my children? Where? " My aunt looked like a ghost. She had red, bloodshot eyes. Her hair was burnt, her eyelids swollen, the corners of her eyes were cut off, cheeks drooped. There was not a single trace of my aunt who went out in the morning.

Although she was severely injured, my grandmother noticed her and ran over the rubble to hug her tightly.

"Kyo! You are back! I'm glad you are back. Your desire to meet your children brought you back."

At first, the children were too scared to approach their mother, but after a while, their eldest and the second son, ran up to her and hugged her.

My aunt seemed to be relieved to see her children. Soon after she lost consciousness. For three days and three nights she was screaming from pain.

My mother brought her to the open field and kept her head and face cool by bringing the water from the well. The rest of the family also stayed outside in front of the burnt down house.

Some well water remained, so everyone drank that water from morning to night. We had no idea that the water was contaminated with radiation.

[August 15th (9 days after the atomic bombing): The end of the war]

On August 15th, 9 days after the atomic bombing, people were informed the war was over. However, from this day on, the people truly learned the horror of the A-bomb.

Around 4 days after the end of the war, my mother went to the city center for the first time. My mother wanted to find out how her mother-in-law living in Danbara was doing, so she asked my grandmother to look after her children. She left in the early morning while it was cool.

The city of Hiroshima was totally burnt down and there was nothing left. She walked desperately through the ruined city. The burnt-out ruins along the railway line continued endlessly, and my mother saw rotting corpses everywhere in the burnt rubble. She recalled that she soon noticed them from a smell like a mixture of putrid odors and the gathering flies.

When she arrived at what is now called "Peace Boulevard," the sun rose, and she noticed there were many people looking for relatives here and there. Many seemed to come from the city center.

Junior high school students recruited from nearby schools were mobilized to dismantle buildings in this area. This demolition of wooden houses had been to prevent the spread of fire when attacked by an enemy. As many as 8,000 junior high school students were mobilized, and they were sent to several places. After the bombing, most of them died instantly because the fire spread quickly. I later learned that identifying the missing students was extremely difficult. My aunt, who also went to the city center, shared her story of seeing the devastating area.

"As a food distributor, I left home around 7 am to work at the distribution station.

I went out into the city center for the first time after the bombing. When I came to Aioi Bridge, I could see all the way to Hiroshima Station. Thirty-one years ago, most buildings were made of wood. Only the roof tiles remained and the rest burned. All the bridge rails fell to the left, and about half fell into the river. At that time, the Industrial Promotion Hall (now called the Atomic Bomb Dome) was made of reinforced steel, so only the framework of the building remained.

As I strolled around the city, there were burnt down trains and women's hair tangled onto the wires. It was a horrific sight, and it was difficult to express the scene in words. Back then, large timbers were used to build houses, so when the houses collapsed, people could not crawl out if they were inside. After the bombing, many people burnt to death during the fire.

The city was completely burnt and I walked through the field alone. When I came to Kawaya-cho, I saw a large concrete hanging from a building. It was a frightening sight. I felt the horror of the A-bomb and the misery of war. It seemed strange that I was even alive.

The following day, I went to Tenma Bridge. It was a heartrending moment to see another miserable sight. The swollen corpses of people, horses, cows, and dogs were all floating in the water. Among them were first or second grade students from elementary school. These innocent young lives were taken due to the war.

I felt sorry for those who died without knowing what had happened. I stopped for a moment at the bridge and cried."

[Living in the Ruins]

The hot days continued in Hiroshima. Immediately after the end of the war, the number of maggots on the wounds and burns kept increasing. There were flies everywhere too, and some A-bomb survivors felt troubled for a long time. My aunt said she had to drive away the flies chasing her with a handkerchief every morning when she left for work. Countless flies chased and covered her body, so that it even made her look all black.

Firefighters from the nearby countryside came to Nakahiro-machi to collect the corpses. They dug holes, put in iron bars, piled up the corpses, and burnt them. Mountains of bodies were everywhere, but those mountains got burnt down and disappeared. They were soon replaced by new ones. My mother and my aunt both said they were heartbroken to see the corpses being burnt one after another, wondering how long it would continue.

"Various areas kept burning corpses but I cannot forget the scene with so many swollen bodies floating along the Tenma and Kyobashi River."

Every time my mother shared what she saw at the rivers, she could not stop crying.

After some days, my mother and my aunt went out to see Tenma Bridge and looked at the riverbed. They were surprised there were no more corpses.

They were quite sure that, "The firefighters must have cremated all the corpses!"

*   *   *

These were the memories that were passed down to me. It affected my life and made me suffer even now. During my youth, A-bomb survivors were in the midst of poverty and discrimination. The impact of radiation on the survivors were immeasurable. They could not get married or find a job. Pursuing higher education was just a dream. Survivors were struggling in the darkness. Not only the survivors but their parents suffered seeing their beloved children go through such difficulties. And so, I decided to leave my hometown to escape this situation. If I was away, no matter what was happening to me, I could send a message saying, "I'm fine" or "I'm happy." In that way, my parents would not be too worried. Moreover, living away from Hiroshima meant that I didn't need to disclose that I was an A-bomb survivor, and I thought that would promise me a normal life. In 1964, when I was 21 years old, I moved to Tokyo, where one of my seniors from school lived. Half a century later, in 2013, I was married and was a freelance writer using a pen name, Mari Yamanaka. Around that time, my father had already passed away, and my mother was suffering from dementia. She was in the final years of her life, so I decided to return to Hiroshima once again as A-bomb survivor Noriko Sakashita, to fulfill my mother's last wish.

While recalling my memories, I was amazed how the adults back then were prepared for "life." In other words, it is surprising to know they decided to pass down the cruel reality they faced during the war to their young children and grandchildren without hiding anything. This is why I decided to write down the memories of that day in Hiroshima.

I want young people, whose lives are ahead of them, to know the preciousness of peace. I hope to share the foolishness of war and the horror of nuclear weapons. I hope that people will understand that this is not a story of the past, but as a crisis that can happen anytime.

While receiving the grace of God and the mercy of the Buddha, I wanted to face the past and write down the memories that were passed down from my beloved ones. The testimonies of the A-bomb survivors are prayers for peace. I am one of the youngest and last A-bomb survivors. As I am approaching my 80s, I felt the need to publish a book since I may someday forget how to share my memories.

May the memories of the nameless A-bomb survivors lead to a peaceful tomorrow, surrounded by your kindness as you hold this book in your hands.

June, 2023

プロローグ　記憶に苦しみ記憶に生かされて

　昭和20（1945）年の8月6日の朝、広島に原爆が投下された時、私は2歳でした。したがって、その朝の記憶はありません。しかし、物心ついた頃から、あの日、爆心地に近い、中広町で猛火の中を一緒に逃げ回った母はもちろん、伯母や祖母から、あの朝の惨禍を聞いて育ちました。それに、終戦1～2年後の中広町のいたるところに焼け焦げた電柱や壊れかけた民家など、焦土の名残があり、その景色は子供心にはっきりと覚えています。その景色に母たちの話す原爆投下の惨状を重ね合わせて、私はいつしかあの朝の、そしてそれに続く出来事を、理解し記憶していったように思います。

　惨禍の中を生き抜いた母や伯母、祖母から受け継いだかけがえのない記憶。しかし、この記憶がやがて私の人生を大きくはばみ、生涯にわたって苦しみ続けることになります。

　私が青春時代を迎えた頃、被爆者は貧困と差別の真っただ中にいました。放射能が被爆者に与える影響は計り知れず、結婚も就職もできない、進学などは（健常者でも女性には）夢のまた夢。八方塞がりの暗闇の中でもがいていました。そんな世相の中で、一番苦しんでいたのはその親たちでした。「もう、これ以上、私のことで、親を苦しめたくない！」と、故郷を離れようと決心しました。離れていればたとえ何があっても、「元気です」「幸せです」と便り一本で親たちに心配をかけずに済みます。被爆者であることをあえて口にする必要もなく、普通の健常者として振る舞い生きることができると思いました。

　昭和39（1964）年、先輩を頼って上京。21歳でした。それから半世紀近く経った平成25（2013）年、私は結婚してフリーランスのライター

（ペンネーム：山中茉莉）になっていました。父もすでに死去し、認知症を患っていた母が余命いくばくもないと知らせを受けた私は、母の最後の願いを叶えるために「被爆者の坂下紀子」に返って広島に向かうことに……。

　それにつけても思うのは、親たちの「生」への覚悟です。幼かった子や孫にできることなら隠しておきたかったであろう残酷な現実に、ちゃんと向き合って継承してくれたという事実です。

　私はいま、彼女たちの紡いだ命の記憶を、私自身の祈りに変えて、書き記しておきたいと思いました。神の恩寵、御仏の慈悲にすがりながら「記憶の継承」を「写経」するがごとくに、向き合いたいと思いました。被爆者の証言は祈りなのですから。

　明日を生きる若い人たちに、平和の尊さを知って欲しいから、そのために戦争の愚かさ、核兵器の恐さを語っておきたいと思いました。できれば戦争も原爆も過去の話ではなく、目の前の危機として捉えて欲しいと願っています。

　私は被爆者としては最も若い「最後の被爆者」の部類に属していますが、それでも、もう80歳です。そのうち大切な記憶も遠くに消え去り、祈る術さえ、忘れてしまうかも……。そんな気持ちに急かされて書き上げました。

　この、名もなき被爆者たちの「あの朝の命」の記憶が、この本を手にして下さったあなたの優しさに包まれて、平和な明日へと繋がって参りますように。

　　令和5（2023）年6月

　　　　　　　　　　　　　　　　　　　　山中茉莉

目　次

その朝のいのち ＊ Life on that morning　2

Suffering from my memory, Kept alive from my memory　6

プロローグ　記憶に苦しみ記憶に生かされて　17

エピローグ　被爆証言で未来を耕す—私のピースガーデン　218

秋の約束／ひろしま ＊ Autumn Promise / Hiroshima　222

祈り –継承するということ ＊ Prayer – passing the torch of testimony　224

Peace Garden - Since 2013 -　226

原爆投下の翌日に撮影した航空写真
（撮影／米軍、寄贈／スティムソン・センター、
作成／広島市立大学・橋本健佑氏、提供／広島平和記念資料館）

Ⅰ. その朝の命

軍都の惨劇

消せない川

　私が生まれた故郷広島は水の都と称えられるほど、美しい7つの川が流れていました。それらの川は、中国山地から流れ下る太田川を主な源流として扇形に南に広がって市内を流れ、瀬戸の海に注いでいました。そのため、広島の川は満ち引きのある川として多くの幸を生み、独特の風情を醸していました。詩歌にも詠われたこれらの川は市民の拠り所にもなっていました。

　広島の川は6本だという人がいますが、それはずっと後になって、西の端を流れる山手川と福島川を一つにして、「太田川放水路」としたためです。私たち家族が被爆した中広町では2つの川はくっつくように寄り添って流れていました。

　私たちが昭和20（1945）年8月6日の原爆投下の記憶を思い起こし、語り継ごうとする時、山手川も福島川も存在していなければ、あの朝のことは語れません。記憶がある限り、決して消せない川なのです。

　私の両親が結婚したのは昭和14（1939）年、母（君子）が21歳、父

（章）が29歳の粉雪の舞う年の瀬のことでした。広島市内の西に位置する中広町から見て、父の住む段原町は朝陽の昇る東の方角で、東雲の丘、つまり比治山の向こう側に位置していました。比治山の手前には京橋川、比治山の後ろに市の東端を流れる猿猴川がありました。

　段原町の家に嫁いできて足掛け3年目の昭和17（1942）年1月、兄が誕生。日本は太平洋戦争に突入していたので、両親は、この戦いは「太平洋にて勝つ」との意味を込めて「勝洋」と名づけました。

　半年後には、叔父の富男（父の弟）が満州に向けて、暮れには父がフィリピン向けて出征しました。父は宇品にあった三菱造船所で木型職人と

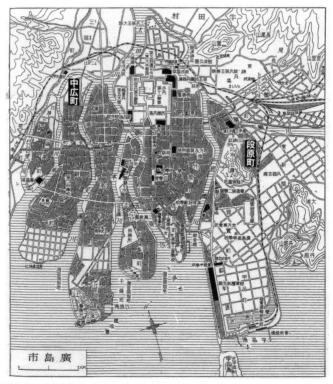

昭和初期の広島市地図。昭和20年頃には西の端を流れる己斐川は山手川、川添川は福島川に名称変更されていた（『日本地理風俗大系 第10巻』〔新光社、1932年〕より）

して働いていたことから、技術兵として徴用され、宇品港から出航。当時の宇品港は日本で最も重要な軍用港とされていました。

父が宇品港を出航した時、私はまだ母のお腹にいました。明けて 18（1943）年 6 月に私が誕生。父が出征前に男なら「紀夫」女なら「紀子」にするようにと決めていました。日本の紀元節に因んでのことらしく、当時は日本の紀元を神武天皇が即位した年とする「紀元 2600 年」のお祝いムードが漂っていました。

忍び寄る足音

一方で、戦局は一層厳しく、人々は食糧難に喘いでいました。食糧に限らず、何もかも不足。国民は「欲しがりません、勝つまでは」の合言葉のもとに、歯を食いしばって「質素倹約」のもとに暮らしていました。

どこの家庭も男を戦争に取られて、家には年寄りと子供　ばかり。私の家族も例外ではありませんでした。

そんななか、頑固一徹、決して自分を曲げない祖父（豊吉）が日増しに無口になり、ボーッとして、鴨居に掲げた天皇陛下の写真を眺めている時間が多くなりました。そのうち体調を崩し翌昭和 19（1944）年の暮れに、あっけなく逝去。享年 73 歳でした。

祖父が亡くなると、近所に住む伯母（父の姉）が残された祖母（セイ）を心配して頻繁に出入りをするようになり、そのうち母に、「段原は物騒じゃ。戦争が終わるまで、中広へ帰ったらいい。あちらのお母さんも心配しておられるじゃろうし。早いとこ帰って里で子供らを食べさせてもろうたらいい」と言い出し、急き立てられるように、中広の実家に帰ることになりました。

当時は夫を戦地に送り出した多くの妻たちが、食糧難を理由に実家に帰らされていたといいます。

　比治山の麓にある我が家の周辺には、確かに、陸軍被服支廠、陸軍兵器補給廠陸軍要塞歩兵連隊、演習砲台などの陸軍施設がありましたが、当時は広島市全体が軍都の様相を呈していました。戦時中は市内の土地の5分の1を陸軍が使用していたと言われています。段原町に限らず、広島はどこにいても怖くて、危ない街だったのです。しかし、母は段原にいると本当に危ないから、伯母も祖母も実家を勧めてくれていると素直に感謝して中広町に帰る決心をしたのでした。

段原町から中広町へ

　比治山に山桜が咲き始めた3月下旬、母は中広町の実家に兄と私を連れて帰ってきました。中広町の広い畑にも早春の光が優しく降り注いでいました。母26歳、兄3歳、そして私が1歳10カ月。広島に原子爆弾が投下される4カ月前でした。

　実家では、祖父の亡き後、若い3人の伯父たちが、祖母（サキ：56歳）と暮らしていましたが、上の2人の伯父は出征し、末の叔父は学徒動員で出ていたので、祖母が独りで住んでいました。広かったこともあり、2カ月後の5月には伯母の京子（母の姉：29歳）も、8歳の聡を頭に6歳の端、4歳の渉、2歳の敏之の男児4人を連れて帰って来ました。

　母と伯母は、7人兄妹（3男4女）の中でも歳が近いことから、気が合い、子供の時から学校も稽古もそして職場も同じという仲の良い姉妹でした。

　伯母は結婚してからは、家の東を流れる天満川を一つ隔てた十日市で、配給所をしていました。ところが家の前が建物疎開（空襲による火災が広がるのを防ぐため、あらかじめ建物を取り壊して空地を作る）にかかってしまい、毎日、多くの家が倒されていき、道路も広くなり、空襲がこれまで以上に厳しくなっていくのを感じ、祖母の家に帰ろうと決心。伯

母は配給所で千人近くを担当していたので、配給がある日は昼の間は祖母と母が子供たちの世話を引き受けることにしました。

戦況の悪化と食糧難

伯母の配給の仕事は3日から4日に一度の割合でしたが、戦況が悪くなるにつれて米の配給も少なく遅れがちになりました。

非常用の乾パンと缶詰も少しずつ出して食べていましたが、日増しに生活は苦しくなりました。時折、伯母が豆腐屋でオカラをもらって帰り、梅紫蘇を小さく刻んで混ぜて、代用食に。オカラも配給も毎日もらえないのですが、伯母は、ときどき内緒でもらっていたようです。

こんなに不自由をして飲まず食わずでも、誰も不足を口にすることはなかったそうです。夕方になると、みんなで十日市の家屋疎開で倒された家の木を拾いに行きました。風呂も母が昼の間に沸かして子供たちを入れていました。

腕白盛りの男児ばかり。子供たちは広い家を飛び回り、擦り傷、切り傷は日常茶事の賑やかな毎日でした。女の子は私だけ。6月に、この家で2歳の誕生日を迎えました。戦時下で食べるものはありませんでしたが、祖母は庭のアジサイなど近くに咲いていた花を集めて床の間に飾ってくれたそうです。

8月6日　青い空の下で

8月6日はとてもよく晴れていました。朝5時に伯母が朝の支度を始めていると母が起きて来て、一緒に朝食の準備をしていました。子供6人と大人3人の9人分の食事を作るのですが、その日は米が3合あったので、それをおかゆにして、できたら碗で水を計りながら足して柔らかくし、最終的には9人が2杯ずつ食べられるように、その中に昨日、母

が子供たちを連れて採りに行った野草を小さく刻み、量を増やします。当時は塩の配給もないので、梅紫蘇を小さく刻み、それをつけて食べたのだそうです。これで朝の食事が終わり、伯母は出かける準備にかかります。

　早朝からの空襲警報も解除され朝から蒸し暑いほどでしたが、伯母はいつも厚地のモンペと上着を2枚ずつ着込み、足袋を履きその上に地下足袋を履いていました。汗が流れるので頭を手拭いでくくり、その上から綿入れの防空頭巾をかぶり手袋をしていました。

　「そんなに着込んだら暑いでしょうに……、言っても無駄ね」と母は、言いかけて苦笑。伯母は外に出るときは頑として、「用心のため、子供のため」といって、人の何倍もの厚着をするのが常だったからです。

　リヤカーに乗る伯母を見送った母は、裏庭の隅にある井戸端に腰を下ろして洗濯を始めました。2歳の私はその母の姿を縁側に立って見ていたそうです。その縁側の少し離れたところで、従兄の端（ただし）（6歳）と渉（わたる）（4歳）が絵本を読んで遊んでいました。

　庭には夾竹桃（きょうちくとう）と、高さ10mくらいの大きなシュロ（ヤシ科の樹木）が2本あり、その下に置いた乳母車の中で、従弟の敏之（2歳）がスヤスヤと眠っていました。庭の裏には畑が広がり、その庭と畑の境目にはカンナの花が行儀よく並んで空に向かって、赤い花びらをいっぱいに広げていました。

8時15分　原爆投下

　8時15分。ピカッと一瞬、異様な閃光が走り、その途端にグオーッとけたたましい爆音と同時に地響きがして大地が揺れてるような。一発の原子爆弾が、広島市の上空で炸裂した瞬間です。同時に周囲が真っ暗に。母は一瞬なにが起きたのか分からないまま気を失いかけました。が、

私の泣き声で我に返りました。目の前は（粉塵や埃などによる）黒い煙のようなものに覆われていてよく見えません。よくよく目を凝らすと、なんと周囲の景色が一変しているではありませんか！　びっくり仰天。広い家は、崩れかけた家屋の一部を残して、瓦礫の山と化していたのです。

　一瞬に多くの家屋が爆風で舞い上がり、飛ばされ、空中で分解して瓦や木材や壁などが粉々になって地上に降って落ちてきたためでした。

　私は数メートル先の土間まで吹き飛ばされ、落ちてきた柱の釘で額を切り血だらけで泣いていました。顔を赤い血がべっとりと覆っていたので、母は気が動転し、大声をあげて祖母を呼び続けていました。

　「お母さーん、紀子が、紀子が！」

　私を抱きしめて狂ったように泣き叫ぶ母。とんできた祖母は

　「しっかりせんか!!」

と、母の頬を思いっきりピシャリ。平手打ちにされた母は祖母の一撃に正気を取り戻して立ち上がり、兄の勝洋（3歳）が下駄箱の下敷きになっているのを見つけました。兄は壁の隙間から差し込んだ熱線で、足に火傷（のちにケロイド）を負って赤くなっていました。

　縁側で絵本を見ていた従兄たちは、崩れた家の下敷きになりましたが、6歳の端が先に出て4歳の渉を助け出そうとしていました。

　近所で遊んでいた8歳の聡も帰って来て、隣家の叔母さんが建物の下敷きになっているのを見つけ、祖母と一緒に助け出していました。

　シュロの木陰で眠っていた2歳の敏之は、乳母車に乗ったまま飛ばされて、近所の庭先に車ごと叩きつけられて、ぐったり。

　祖母が子供たちを助け出した頃には、もう周囲は火の海に遮られて、逃げ場を失いかけていました。当時の家屋は大部分が木材で瓦礫になって燃えやすく、火が回るのはアッという間。母はギリギリまで、バケツ

に井戸水を汲んでは、壊れかけた家の火を消そうとしていましたが、祖母に促されて手を止め「逃げるよーお！」と叫びました。

【爆風】　この一発の原子爆弾のエネルギーの約50％が爆風に使われたと言われています。例えば中広町に近い爆心地から1.3kmの所で風速毎秒120m、これは例えば1㎡の板に7tの力がかかる程度の威力です。（中心地では15tの圧力）、爆心地から1km以内の家屋のほとんどが崩壊しながら吹き飛びました。この圧力は人体を引き裂き、眼球をえぐり出し、神の毛を逆立たせ、着ている物を剥ぎ取りました。

【熱線】　原爆によるエネルギーの35％は熱線エネルギーだったと言われています。太陽光のエネルギーを1とすると爆心地から1km離れた場所で、その370倍もあった訳です。熱線の浴び方は距離によってさまざまですが、気がつけば太股やお尻の皮が火傷でめくれ、焼けた肉の下から骨が見えてきた、手や足を触ったらヌルッとして皮膚が剥げたなどは熱線によるものです。

【原子爆弾の爆発】　原爆が爆発（核分裂）を起こすと数百万度という想像を絶する火の球ができ、温度は次第に下がりますが、大きさは段々大きくなります（1秒後には地上500mのところに直径300m近い火の球ができ、その温度は推定5000℃。ちなみに太陽の表面温度は6000℃）。その、火の球の外側を衝撃波が広がっていきます。この衝撃波が爆風といわれるものです。
火の球が衝撃波を広げながら、地上に到達するには10秒とかかりません。地上に到達した時の温度は4000℃前後と推定されています。つまり、直接被爆者の多くは爆発とほぼ同時的に起こった爆風、熱線、放射能と複合して被害に遭ったことになります。

爆風で衣類をはぎ取られたまま燃えさかる市街を逃げ回る人々
（作者／石津一博氏、所蔵／広島平和記念資料館）

阿鼻叫喚の原爆地獄

　母が血だらけの私を抱き上げようとしたその時、瓦礫の下から悲痛な叫び声がしました。近所の女性です。

　「苦しいよー、出してつかあさいや」「助けてつかあさいや」

　叫びながら泣いていました。

　確かに体の一部と手は見えるのですが、顔は大きな材木に遮られて見えません。女の力ではどうすることもできませんでした。気がつくと、あっちでもこっちでも助けを求める悲鳴が聞こえます。普段は畑が多く、家と家の距離もあり、隣家の声など聞こえたことがない静かな町なのですが……。

　母はオロオロするだけで、何もできないでいると、あちこちで泣き声が「ギヤーッ」という悲鳴に変わっていきました。祖母は母の腕を引っ張り、瓦礫の前に押し座らせました。祖母は、そこで土下座をすると、声を振り絞って、懸命に叫びました。

　「こらえてくださいや。許してくださいや!!」

　手を合わせ、四方八方の瓦礫の下に聞こえるように助けてあげられないことを詫びていたのです。何度も叫んで決心したかのように、母を促しました。近づく炎に、子供たちは脅え、みんな泣き出していました。

　母は私を抱き、兄の手を引き、祖母は、ぐったりとした2歳の敏之を抱き上げました。聡、端、渉の3人に、はぐれないよう、ボロ布の紐を握らせながら、

　「紐を離すのでないよ。分ったね！」

と念を押しました。

　それから一目散に裏山の竹藪に向かって走り出しました。祖母も母も子供たちも、夢中で走りました。走りながらみんな大声で泣いていまし

猛火を逃れて川に入り、溺れながら流される人々
（作者／菅洋子氏、所蔵／広島平和記念資料館）

た。

　熱線は、瓦礫に火をつけ町中を火の海にして、人々は溶鉱炉の中にいるような暑さだったといいます。

　当時広島市内には、7つの川があり、多くの人は水を求めてそれぞれの川をめざしました。私たちが向かったのは西の端にある山手川でした。手前を流れる福島川の浅瀬を走り抜け、竹藪を目指しました。

　竹藪の下は山手川の河原ですが、河原も、すでに大勢の負傷者で埋まり、私たちの場所はありませんでした。ここに辿り着くまでに、大勢の死体を踏み越えてきましたが、どの人も川の方向を向いて息絶えていました。みんな水が欲しかったのでしょう。

　竹藪にも河原にも、私たちが腰を下ろすスペースを見つけることができないまま、土手の細い道をゾロゾロと歩いていました。子供たちは、祖母のボロ布の紐をしっかりと握り締めていましたが、どの子も周囲の異常な光景におびえ、不安そうに唇を震わせていました。

黒い雨に濡れて

　そのうちポツポツと雨が降り出しました。誰かが、「爆弾が落ちて1

やけどと外傷の体で黒い雨に遭う
（作者／高柴暖枝氏、所蔵／広島平和記念資料館）

時間くらいたった」と話していたそうです。アッという間に一本橋の下
も雨宿りの人で、いっぱいになっていました。

　母と祖母は近くに土手の窪みを見つけ、そこに子供たちを座らせると、
風邪をひかないように抱き寄せ、拾ってきたトタンで子供たちの頭上を
覆いながら雨が上がるのを待ちました。

　雨はいつしか黒い色に変わり、アッという間にコールタールのような
硬い雨に変化。硬い雨はトタンの上で、ドーン、ドーンと大きな音をた
てるので、子供たちは怖くて泣くこともできず震えていました。

　そして雨は容赦なく皆をびしょ濡れにして通り過ぎたのでした。ただ
この黒い雨が放射能を含む雨だとは知る由もありませんでした。

　ともあれ母は、私の血だらけの顔が、黒い雨に濡れて、赤黒くなって
いくのを、拭き取ろうとしていました。しかし、血も黒い雨もあっとい
う間に外気の熱に乾いてしまい、なかなか取れませんでした。母は舌が
痛くなるほど唾を布切れにつけて、泣きながら私の顔を拭いていました
が、声をあげて泣き出したので、祖母は「泣くな！」と言って母を叱り
ながら自分も泣いていたそうです。

　母は後に、甲状腺を患いましたが、被爆者のなかには黒い雨に濡れ放射能を吸い込み甲状腺を癌に侵された人が少なくありません。母は私を濡らした黒い雨を、あの時、涙と一緒に呑み込んだに違いありません。

　川は黒い濁流になって、多くの死体を、生きていたかもしれない人も馬も、牛も、犬も、海の方に運んでいってしまいました。広島の川は海に近いため、潮の満ち干があります。満潮時に膨れあがって浮いていた多くの死体は干潮が曳いて持っていってしまいました。

　土手に上がってみると、雨上がりだというのに広島の街はまだ燃え続けていました。結局、広島の街は昼も夜も空を真っ赤に染めて、それから、三日三晩燃え続けたのでした。

　祖母に抱かれ、ぐったりしていた2歳の敏之は、お腹が空いているのか、か弱い声で泣くので、母が抱き寄せて乳房を近づけると出ないお乳を一生懸命吸おうとします。母はこの子が不憫で朝、出かけたままの伯母のことを思っていました。

「お姉さん、何処におるの？　死んじゃいけんよ、この子が待っとるよ、姉さん……」

　何度も心で伯母の名を呼び続けていました。祖母も同じことを考えていたのでしょう。二人とも、じっとしておれず、とにかく焼け跡の家に戻ることにしました。伯母が帰ってきた時に、皆がそこにいてやらなければ……、と。

　　【黒い雨】　原爆のエネルギーの15％が放射能のエネルギーになったと言われています。この放射能こそ、核兵器に特徴的なもので、人の細胞を死滅し破壊。遺伝子の損傷、突然変異を引き起こします。
　　キノコ雲の下で放射線物質が黒い雨となって広い範囲に降り注いだことが、直接被爆者だけでなく、体内被爆や、後から入市した人たちにも残留放射能（空気、水、食物を通し体内に入った）などで同じような苦しみを与えました。

焼け跡にて（野宿）

　焼け跡の家に戻ってみれば、すべての景色が跡形もなく焼き尽くされて、見渡す限り黒一色の焼け野原になっていました。さっきまで、少なくとも崩れかけた家があり、家具だの、飛んできた木材など瓦礫の山もあったのに……。それらは原形をとどめることなく、すべて灰になり、炭になっていました。

　夕方になっても伯母は帰って来ず、祖母は近所の人に伯母が帰って来そうな道を探しに出てもらうように頼んでいました。

　夜になって、近所の人が伯母を見つけて下さいました。伯母は焼け跡の井戸の前に立って「子供は？　子供は？」と呟いていました。伯母の姿は怪談のお化けそのもの。充血した赤い目。髪は逆立ち瞼から額にかけて腫れ上がり、目尻は切れて頬は垂れ下がってしまい、朝出かけて行った伯母の面影は微塵もありませんでした。それでも祖母はもつれる足で、瓦礫の上を走って行って伯母を抱きしめていました。

　「お京よ！　よう帰った！　よう帰ったの。子供を思う一念で帰ったのであろう。」

　その子供たちは怖くて伯母に近づこうとはしませんでしたが、しばらくして長男の聡と次男の端が走り寄っていき、抱きつきました。

　そのうち伯母は、子供たちの姿を見て安心したのか、そのまま意識を失い、それから三日三晩うなされ続けていました。

　母は伯母を裏の畑に寝かせ、井戸の水で頭や顔を冷やし続けていました。その間、私たちも、焼け跡の家の前の畑で伯母と一緒に野宿をして過ごすことになりました。

　焼け跡に戻ってからは、家の井戸だけが残っていたので、みんな朝から晩まで井戸水を飲みました。その時は、井戸水が黒い雨に侵され放射

能を含んでいたことなど知る由もありありませんでした。

　朝、山手川に避難した時は、沢山の魚が浮き上がっていたので、子供たちはそれを獲って焼け跡に持ち帰り、拾ったバケツに入れておくと生き返ったので、祖母は「魚も爆風で目を回しとったに違いない」と言っていたそうです。

　山手川の下流は福島川と合流していました。福島川でも魚が浮いていたそうですが、気絶していたかどうかは定かではありません。

その時伯母は……

　朝出かけたまま、私たちとは違う場所で被爆した伯母が、敗戦から21年後の50歳の夏、地元のサークル誌『あさ』に、8月6日の朝、爆心地点で、人と危機一髪の待ち合わせをしていたことを書き遺しています。伯母は戦後に生まれた5男を含め、5人の男子を育てるなかで、母親たちの学習サークルに参加していました。サークル誌は、39年から20年間の間に18号まで出版（伯母は3号から参加）。

山下会会誌『あさ』第3号

多くの被爆体験を語り、平和を守る草の根の会と高い評価を獲得していました。この、『あさ』3号から、その朝の部分を抜粋しました。伯母は旧制高等小学校を出ただけの普通の主婦で、これが、生まれて初めて書いた手記でした。

◆心から笑える日を　　隆杉京子

　8月6日の朝空襲けいほうがかいじょになったので私は出ていきました。今思うと身がちぢむ思いがします。大八車を買うために人と待ちあわ

すので、左官町（今の相生橋西詰）にいたのです。原爆が落ちる20分前まで私は待っていたのですがこられないので天満町の方にむかって行ったのです。其の時でした原爆が落ちたのは。大きな音がしたことだけおぼえています。あとは夕方までなんにも知りません。なんと観音町のかきのからがつんである土手の所までリヤカーといっしょにとんでいたのです。その吹きとばされた距離は50メートル位あるでしょう。

　原爆のおそろしさがわかることと思います。

　胸をうち、かおのほほがたれさがり、目じりがやぶれていました。これくらいはかるいうちだと言われました。その時ほとんどの人が死んでしまわれました。私はただ生きていることだけでも感謝しています。

　けれども21年たった今でもげんばく病になやまされています。こんな苦しみは私だけでたくさん。子供孫たちにはこんな苦しみはさしたくないと思います。

　私が気づいた時はもう日が西の山にしずみかけていました。福島の川べりの家がまだ少しもえていました。その時どうなったのだろうかとさっぱりわかりませんでした。なんだか、かおがへんなのでさすってみるとほほべったがぶらさがっていました。まともにかおがあげられない

衣服は引き裂け皮膚はたれ下がりこの世の人とは思えぬ姿の負傷者たち
（作者／吉村吉助氏、所蔵／広島平和記念資料館）

ので手でおさえて帰りました。

　道はなし家はぐちゃぐちゃ人はやけどでぼろをぶらさげて泣く泣くあるいていた人も見られました。私はだれかしらない人に中広へ帰りたいと言ったのでしょう、その人は福島川へつれていって下さいました。今も川砂の上に人がたくさんねていたのをおぼろにおぼえています。それから先はどうなったのかしりません。

　家では朝出たきり夕方になっても帰ってこないので心配して母が近所の人にたのんで私をさがしに出てもらったのだそうです。どこでどうつれて帰ってもらったのかちょっともしりません。私が帰ると「子供、子供」とうるさいほど言ったそうです。子供は私にだきついて泣いていたそうです。

　こんなことがあったのに私は自分にかえるまでちっともしりません。

　東の山が少し明るくなりかけたところだったと思います。畑の中にねていました。あとから母が私に言ってくれました。私は子供4人つれて家をやかれ住むとこもないやけのはらで3日3晩のじゅくをして過ごしました。子供4人つれてわたしはこれからどうしていきていこうかとまず考えました。其の時は涙もでませんでした。

（執筆当時 50 歳）

8月6日、炎上中の広島市街
（撮影／木村権一氏、提供／広島平和記念資料館）

Ⅱ. 混乱の中で

原爆投下直後から終戦までの苦闘
― 9日間の記録―

原爆投下2日目（8月7日）

　昨日から広島の街は燃え続け、夜になっても、火の勢いは止まらず一晩中燃え続けていました。後に母は何年経ってもこの日の話を持ち出しては、

　「夜だというのに異常に明うて、空が燃えてねえ。真っ赤な炎が波打って、地上に打ち寄せて来るようで、ホントに、恐ろしかったよ……」
と、声を震わせます。

　祖母の脳裏にもハッキリと焼き付いていました。

　「血で染めたような空で、得体の知れない魔物が雄叫びを上げて怒っとるように思えて恐ろしくてねえ……」

　祖母は20年後の亡くなる寸前まで、あの夜の空を思い出しては脅えていました。地上の惨禍と共に、血色に染まる天空の焔は祖母や母にとって終生、忘れることのない恐怖に覆われた空だったようです。

　朝、周囲を見渡すと、一夜のうちに、広い畑のあちこちに怪我や火傷をした人たちが大勢で横たわっていました。家を焼かれて逃げて来た人たちです。

　時折、赤ん坊の泣き声がしましたが、大人の苦しみ喘ぐ断末魔のよう

なうめき声にかき消されていました。

　そのうち子供たちが、お腹が空いたと言うので、母はナンキンの落ち
ている畑を探して歩きました。元々、中広町は畑の多い地域でしたから、
この日は、すぐに見つけることができました。見つけるとその帰りに、
壊れて焼けてない家をさがし、そこでペチャンコの鍋を拾って来て、そ
れを修理してナンキンを水炊きにしてみんなで食べたのだそうです。

　食事をすませた朝の10時頃、空を引き裂くような爆音にビックリし
て一様に皆空を見上げていました。すると誰かが「岩国が空襲だ！」と
叫んでいるのが聞こえたと言います。

　祖母は子供たちに、トタンや板など、焼け残っている廃材を集めるよ
うに言いつけました。せめて、寝るスペースだけでも確保するために、
焼け跡に小屋を立てなければと考えたのでしょう。

　母は、昨夜からずっと、伯母の看病をしていましたが、伯母は爆風で
吹き飛ばされた時、胸を路面に叩きつけており、それが痛くて息をする
のも辛そうでした。時折、意味不明のうわごとを言いながら、うなされ
続けていました。

　整った端正な伯母の顔が、この世の人間とは思えないほど醜く傷つい
ていました。爆風に飛ばされた場所が牡蠣の殻の散乱する川の土手だっ
たためでした。

　戦前から広島は牡蠣の名産地で、牡蠣船が並ぶ川の土手には料理に
使った牡蠣の殻が山積みされていました。伯母は爆風でこの牡蠣殻の散
乱する道路に叩きつけられ、牡蠣殻が顔を突き刺したらしく、額から瞼
にかけて血だらけで赤黒く腫れ上がっていました。傷ついた頬は垂れ下
がり、目尻は破れ、目は真っ赤に充血。母は、「でも、姉さんは胸が苦
しいといっても、顔が痛いとは一度も言わなかったからねえ」と不思議
がりながらも「沢山の怪我人がおられるが、姉さんほど酷い人は……、

顔を映す鏡も何もないのがせめてもの救いだったけど。子供が恐れてねえ……」

　それでも、伯母はその子供や、親が傍にいるので、幸せでした。周囲をよく見渡してみると傷を負った人は大勢いましたが、家族そろって避難できた人はこの辺りでは、ほとんどいなかったからです。

　その後の「日本原水爆被害者団体協議会」（日本被団協）が実施した「原爆被害者調査」でも、当日死者の3分の2を占める子供・女・年寄りの多くは、建物の中か下敷きによる「圧焼死」で、当日死者のうち、家族に看取られながら死亡した者は4％に過ぎなかったという分析があります。つまり、みんな一緒に逃げることは不可能に近かったのです。出かけた先で誰かに看取られる間もなく一瞬に命を奪われた人も大勢いました。

　夕方になって、お腹を空かした子供たちがぐずるので母は朝、近くの畑に行った折に青いトマトがなっていたのを思い出し、行って見るとトマトが2つ赤くなっていたので、それを子供たちに食べさせました。大人は、井戸の水だけですませたそうですが、この日に限らず、とにかくよく水を飲んだそうです。

原爆投下3日目（8月8日）

　朝、横川駅の前で、初めて「むすび」が配られました。母と祖母がもらいに行きましたが、腐った臭いがして食べようとするとヌルヌル糸を引いていました。でも、誰も文句を言わずに食べていました。祖母は「コメは腐ってもあたりゃせんよ」と言いながら、皆に食べさせていたそうです。

　伯母は時々目を開き、起きて座わろうとするのですが、頬を抱えていなければぶら下がるようで、横になるしかありませんでした。それでも

夕方には、何とか起きて座っていました。

　母は午後なって陽が沈む前に、4人の子供たち（兄と従兄たち）を連れて、裏の山や、山手川の河原に食量を探しに行きました。「すかんぽ」と呼んでいた植物の茎や野イチゴなどは、その場で食べたりしながら、近くの畑を探して大根やキュウリやナスなど目ぼしいものを、持ち帰りました。大根は葉っぱごと小さく切って、（米粒の入らない）雑炊のようにして皆で頂いたのだそうです。

　この食べ物探しは、原爆が投下される以前から、食糧難に立ち向かって続けていたことでしたが、人の畑や空き家に入って何かを持ち帰ることは決してありませんでした。伯母が配給所をしていたので、余り物などをもらってくれていたおかげで、何とか、しのぐことができていたからです。

　母は述懐していました。

　「最初は落ちているものを拾っていたけど、そのうち人の畑も、家も壊れて人がいなければ、勝手にもらって、盗んだ訳だけど、申し訳ないという気持ちも段々に無くなって行ったのよ……原爆は秩序も人の品性も全部破壊したのよ。子供を巻き込んでねえ。」

　溜め息交じりに話していましたが、その子供だった従兄たちは、後に成人して、口々に言っていたのを思い出します。特に当時最年長（8歳）だった聡は、

　「盗みをしていたという感覚はなかったよ。みんな必死だったし、大根でも芋でも持って帰ると喜んでくれたし……。見つけた者が勝ちよ。ひもじかったし……それより、どこに行っても死体が転がっていたのが……。草むらにも、河原にも、そして畑の畦道にもね。中には目を開いて生きているような死体もあって、睨らまれてるようで、恐かったなあ」。

　　　　　　（聡：この時点で27歳、平成13年58歳で死去）

原爆投下4日目（8月9日）

　祖母が伯母に謝っていました。

　「あの預かった大切な袋を、持ち出すことができなかったよ。子供のこと以外に頭が回らんで、自分たちの物も何も持ち出せなくてね。こらえてや。」

　伯母はまとまったお金を祖母に預けていたようです。

　伯母は、次第に記憶を取り戻し、周囲の状況から、家屋敷はもちろん、家財も家具も、何もかも灰になってなくなってしまった現実を受け止めているようでした。

　それにしても、どういう訳か昨日から今日（8〜9日）にかけて、近所の人がバタバタと死んで行かれるのが、母は気になって仕方がありませんでした。その多くが血便に襲われている人たちでした。

　被爆者は被爆して急性放射能症という病気にかかり、熱や吐き気、血便などに襲われて、ほとんど被爆後1週間以内に死んでいったのだそうです。この時点で、私たち家族は奇跡的に命だけは取り留めていました。それでも恐怖が続きます。

　兵隊さん、それとも市の職員さんでしょうか、昼の間に、戸板で死体を運んで死体の山をつくり、夜になると、その山に油を撒いて火をつけていました。毎日毎日同じような日が終戦まで続きました。

　日数が経って腐りかけた死体は三本足のようなもので、引っかけて集め、遠いところは戸板で運んでいました。広い畑のあちこちに死体を焼いた灰の山ができましたが、その山もいつしか風に吹かれて小さくなり、平たくなり分からなくなっていきました。

　私たちのすぐ近くでも、死んだ人を焼いていましたが、その匂いが強烈で、気分を悪くする人も沢山いたそうです。それは肉や魚の内臓の腐

敗したような何とも形容のしがたいもので、母は、最初は吐き気を催していましたが、次第になれたと言っていました。私がショックだったのは、母が臭いも感じなくなったけど、「死体を見ても何も感じなくなっていた」という言葉でした。

伯母も、祖母も、同じ言葉を、何度も何度も平気な顔をして他人事のように言っていました。この話をちゃんと聞いた時、やっと中学生になったくらいだったと思います。何故かその時、無性に腹が立ったのを思い出します。人に知られたら薄情な人間と笑われる気がして、

「どうして？　気の毒じゃなかった？　可哀想じゃなかった？」「どうしてうちの人たちは平気なの……」
心の中でつぶやいていました。

いま私は、その時の祖母、伯母そして母よりも年を重ね、彼女たちの心中を思うと切なくて、やりきれない気持ちになります。

後に、学んで分かったのですが、被爆者の多くが味わった「無感情」は、心理学的に自身の心を守る武装装置ともいえるもので、究極の衝撃を受けると、脳に防御装置が働き「無感動」になるのだそうです。彼女らが

8月8日、死体の火葬場（撮影／川本俊雄氏、提供／川本祥雄氏）

私に話をしてくれた頃には、この武装装置が外れ、つまり感情を取り戻し、無感情だったことを理由に何もしなかった、できなかった自分を恥じていた時期だったのです。決して他人事のように言っていたのではなく、自分を恥ずかしいと侮蔑したい気持ちを吐き捨てるように表現していたのだと……。彼女たちは、生涯にわたって恥じながら自分を責め、苦しみぬいて生きていました。戦争によって人間が変わったという人もいますが、そうではなく、一時的ではあっても戦争が人間を変えていたのです。

原爆投下5日目（8月10日）

寝る家も、食べるものがなくても、まだ戦争は続いていました。祖母が、

「いつまでも野宿はできないし、また、いつ爆弾を落とされるかも知れないから、どうしても玖村の方に逃げよう」

と言い出しました。祖母は、伯母の体調を気にかけて、なかなか決心がつかなかったようです。伯母も子供の安全を考えたのでしょう。大丈夫だというので、皆で玖村に行くことにしました。玖村というのは、祖父の故郷のことです。私の母にとっては父親の故郷です。

祖母が頼って行こうとしたのは、祖父の実家でもあるお寺でしたが、出かけるといっても荷物も着替えもありません。被爆した時の姿で、裸に近いボロを纏ったままの恰好でした。当時は車もバスも通らない山道をゾロゾロと、太田川に沿って歩き続けました。伯母は2歳の敏之を背負い、母は私を背負い、祖母は私の兄と、従兄の4人をなだめすかして歩かせていました。お腹が空くと道の脇の沢の水や、川の水を飲んで、やっとの思いでお寺に辿り着きました。

しかし、来てみると他の家族もおられ、こちらは大勢の子供を連れて

いるので、伯母も、母も気兼ねで仕方がなかったそうです。後に母が聞いた話ですが、寺の人たちは、裸に近い異様な恰好で突然、現れたので、住職の親戚とは分からず、ビックリして腰を抜かしていたのだそうです。

原爆投下6日目（8月11日）

山県郡戸河内町へ疎開していた伯母（母の姉：次女）が、皆がお寺でお世話になっていることを知って、お米2升、持って訪ねてくれました。これで少しは気兼ねをしないでいさせてもらえると、祖母はとても喜んでいたそうです。しかし、この2升の米が、伯母の気持ちを引き裂くような事態を起こすことになるとは、この時、誰も思いもしませんでした。

原爆投下7日目（8月12日）

2歳の敏之が、朝からよく泣いてむずかっていましたが、次第に泣かなくなり、眠るばかりで、血便が出はじめました。中広町の畑で野宿している時でも、血便を出して多くの人が亡くなりましたので、気が気ではありません。

祖母も母も、伯母の体ばかりを心配して、この敏之が体を侵されていることなど気が付きませんでした。考えてみれば、あの日、乳母車ごと爆風に吹き飛ばされて、隣家の庭に叩きつけられて、ぐったりしていたのです。たまたま外傷がなかっただけで、体は悲鳴をあげていたのでしょう。

痛いこと、苦しいことが言葉で言えなかったと思うと、大人たちはこの子が不憫でしかたありませんでした。

お昼が過ぎた頃、お寺の奥様が、物凄い剣幕で8歳の聡と6歳の端を叱っていました。2人がおかゆの鍋に手を突っ込んで食べていたというのが、その理由でした。伯母はもちろん、祖母も母も、血便をしている

敏之に気をとられていて、他の従兄たちが台所に侵入していたことに気が付きませんでした。

　従兄たちは、昨日、伯母さんの持って来た米が食べられると思ったのでしょうか……、祖母はひたすら謝っていたそうですが、お腹を空かせている子供たちを怒ることはできなかったようです。

　血便をしていた敏之はぐったりとして、命は時間の問題かと思える状態でした。

　「これ以上、寺に迷惑はかけられない。この子だけは私の手で葬ってやりたい。」

　伯母が泣いて頼むので、母は伯母と一緒に外に出ました。伯母は敏之を抱いて、太田川のほとりの河原を気が狂ったように、泣きながら、歩き回っていました。後で来ても分かる場所に葬ってやらねば、戦争が終わったら、骨を拾いに来てやらねばならないから……と、暗くなるまで葬る場所を探し歩いていました。

　他にどうすることもできなかったのです。ただ、歩き続けて暗くなるまで河原で泣いていると、近所の人が声をかけてくださり、ぐったりしている敏之の姿を見て、

　「薬がありますので、差し上げましょう。ちょっと、うちへ、おいでなさい。」

　なんと、その家のお子さんが亡くなられたばかりで、薬が不要になったとかで、伯母は、藁をもすがる思いでついて行きました。

　母は一足先に、お寺に帰り、子供たちを寝かせて、伯母が帰るのを祖母と待っていました。しばらくすると、伯母は「貴重な薬を注射してもらった」と、安堵した様子で帰ってきました。みんなで、寺の本堂に行って、御仏に手を合わせました。今日は祖母も伯母も母も大人たちにとって、辛くて本当に長い一日でした。

原爆投下 8 日目（8 月 13 日）

　ぐったりしていた敏之が、朝になってみると、目を開いてキョロキョロしているので、伯母は大喜び。血便はまだ出ていましたが、よほど嬉しかったらしく、

「昨日のお宅にお礼に行ってきます。この元気な子の顔をみせてきます」と、敏之を抱いて出かけて行きました。間もなくして伯母は嬉しそうに帰ってきました。伯母は、お礼を言いに行ったつもりが、「そんなに良かったのなら」と、もう 1 本残っていた薬を注射してくださったのだそうです。

　みんなでホッとしたのも束の間、近所の人が、大事な知らせを持ってこられました。

「市街に出ている人は、早く広島市内に帰らないと、配給がもらえなくなります。」

　私たち家族は配給だけが命綱ですから、お寺には 2 晩泊まっただけで、みんなでまた来た道を歩いて、中広町の焼け跡に帰ることになりました。

　中広町に着いた頃には、もうみんな疲れてクタクタになっていました。私たちが野宿していた家の前の畑には他の人が来て横たわっていました。家の跡は焼け野原になって、何もないのでみんなで、とにかく寝るところを作りました。焼け跡の家の風呂場に焼け残りの柱をさしかけて、今まで集めておいた焼けトタンを上において、とりあえず横になって眠りにつきました。

原爆投下 9 日目（8 月 14 日）

　昨夜はよほど疲れていたのでしょう。みんなよく寝て、朝、起きてみると、トタンが風に飛ばされてなくなっていました。

　昨夜は大風が吹いたらしいのですが、誰も気がつかなかった様子。祖母は、子供たちを起こして「早く拾い集めないと、人に拾っていかれる」と言って集めるのを、急かせていました。ずーと後になって、その時の住まいの話をすると、母は決まって楽しそうに話していました。

　「掘っ立て小屋、あばら家、バラック、どう呼べば、ええかねえ。野宿ではない私たちの住むところを小さい子供らと一緒に作ったのよ」、と。

　祖母の陣頭指揮で、みんなで作った眠れるスペース。今度は、トタンも飛ばないように、しっかりくくりつけて出来上がりました。鍋や釜もお皿も色々拾ったり、焼け跡から掘り起こしたりして少しずつ増やし整えていきました。

　そんな記憶に笑みをこぼしながらも、同時進行していたもう一つの現実がみんなを苦しめていました。

　家の前の畑では、まだ野宿を続けている人もいましたが、暑い日が続いているので、死体が腐りかけ、蠅がたかり、死体に集った蠅で黒い塊のようなものがあちこちにでき、それを市の職員さんのような人が集めて焼いていました。その蠅の集った黒い死体を焼く臭いは我慢できないほど気持ちが悪かったのだそうです。やっとの思いで玖村から帰って来たのに、祖母も伯母も、そして母もこの悪臭と吐き気に苦しみ、戦っていました。うだるような暑さも気分の悪化に拍車をかけていたのかもしれません。

　同じ頃、熱線で火傷した人や、爆風で怪我をした人たちの傷が化膿して傷口に、ウジが湧き始めました。異常発生した蠅が、傷口に卵を産み付けていたのです。ウジが傷口を這うと痛いのですが、傷口の膿を吸うので、傷の治りが早いといって、みんな我慢してウジを傷口に飼って（？）いたのだそうです。

　母も、年長の聡や、端も毎日のように、近所のおじさんたちに頼まれて、傷口からウジを、箸のようなもので、取り除いてあげていました。

　怪我をして傷口が化膿した人は分かり易いのですが、熱線で火傷した人は最初に皮膚が変色して徐々に広がり、知らない間に水膨れができ、乾くとケロイドになります。熱線の火傷は小さくても怖いのです。

　しかし、母はこの時、兄（勝洋：3歳）の熱線の火傷が徐々に大きくなっていることに気が付いていませんでした。

原爆投下 10 日目（8 月 15 日）終戦

　伯母は朝早く起きて友人の疎開している山県郡の都々見に出かけて行きました。大切な着物などを一緒に疎開させてもらっていたので、それをとりに行くためです。その着物を食料に変えてもらおうと思ったようです。

　伯母の体調は本調子ではないのに、子供たちに食べさせなければと、もちろん、その中に私たち兄妹も入っているのですが、食べさせたい一念だったようです。

　伯母が家を出た後、ラジオで玉音放送があり、終戦を知らされました。祖母のところには、近所の人が知らせて下さいました。また、号外によく似た大きな文字の新聞も見せてもらうと、そこには、「広島は今後、75 年間は草木も生えない」と書かれていたそうです。祖母は終戦と聞いてホッとしたようでしたが、母は、広島が、これから 75 年間も死の街になることのほうがショックで、へなへなと地べたに座り込んでしまったそうです。この死の街、広島でどうやって生きて行けばいいのだろう……、と。

　ところで、都々見に出かけた伯母の様子ですが、それから 40 年後の

8月に発行された『あさ』18号他に、次のように書き遺しています。

◆焼け跡からいきぬいてきた私　隆杉京子

　……8月15日の朝早く起きて、私は山県郡の都々見という所まで、行くことにしました。そこへ、私の友だちが疎開していたのです。私の着物なども一緒に疎開させてもらっていたのです。

　車が無いので、歩いて山越えをしていきました。途中で、ゾウリの鼻緒が切れたので、農家に入り「はき古した、ゾウリがあったら下さいませんか」とたのんでみたのですが、黙って話も聞かずに中に入ってしまわれました。

　田舎人はなんと薄情だな、と思いながら暑い日中、手拭いを水でぬらしては長い道をとぼとぼと行きました。

　都々見に着いた時はもう夕方でした。家の外から声をかけると、子供が二人出てきて私を見るなり家の中に駆け込みました。

　友だちが出てきて私を見るなり「まあ」とたまげて見ていました。「上がって下さい」といわれたのですが、私の足は痛くて上がれず這ってあがりました。色々話をすると「生きていてよかった」とよろこんでくださいました。

　ごはんをよばれてから、風呂をすすめてくださるのですが、私は自分の足がどうにもならず、「少し休んでから」と言ったのですが、友だちは「つかれがとれるから」とすすめてくださるのです。

　風呂場へ行ったものの湯舟に入れないので、仕方なくタライに湯を入れてもらいました。その時、鏡を見て、私はわれながら恐ろしい顔だったのに驚きました。

　今日ゾウリをお願いした時に逃げられたこと、子供が恐れて家の中に

50

入って行ったわけがわかりました。その友だちから「今日、日本は戦争に負けたのよ。もう終わったの」と聞かされて戦争が終わったことを初めて知ったようなことでした。

　なんだか大きな荷物を、おろした様な気がしました。

　翌日私はすぐ、家に帰ることにしました。安古市までトラックに荷物と一緒にのせてもらうことが出来ました。

（執筆当時68歳）

全壊した住宅跡に残された遺骨
（撮影／林重男氏、提供／広島平和記念資料館）

Ⅲ. 焼け跡で生きる

終戦から年末まで惨禍の記憶
－瓦礫の中での107日間－

共に被爆した外国人

　本当の意味での原爆の恐さを知ったのは終戦を迎えてからのことでした。

　広島は75年間、草木も生えない、住むことはできないといわれても、私たち一家は広島から離れても行くところがありません。祖母も伯母も母も、父や叔父たちが復員してきたら、この広島の焼け跡に家を建てて、ここで死ぬまで暮らすと覚悟を決めていました。

　終戦の翌日、つまり8月16日、山手川の河原に朝鮮人が集まっていました。

　夜遅くまで甲高い声で「日本人負けた！」と叫びながら、酒を飲み、大声を出して歌を歌っていたのです。長い間、自由を奪われ、差別に苦しんだ彼らは、日本の敗戦で、やっと自由な夜明けを迎えたのですから、嬉しかったに違いありません。しかし、当時は、朝鮮人が暴れるのではないかと、怖くて、祖母も伯母も母も子供たちを膝に抱き、眠れぬ一夜をすごしました。

　「仕返しされると思っていたからね……。」

　母たちは振り返りますが、逆に言えば、それほど朝鮮の人たちを、苦しめていたということなのでしょう。だけど、終戦から、かれこれ80年近く経った現在、私は思うのです。あの時、「日本人負けた」と喜んでいた朝鮮人も、同じ広島で私たちと同じように被爆している人たちだったのに。原爆を落とされたことが、敗戦に繋がり、彼らの自由に繋がったとするなら、その時から始まった彼らの過酷な運命をどう受け止めればいいのでしょう……。

　彼らは戦後も日本社会の中で「朝鮮人」それに「被爆者」として二重の差別を受け、おまけに本国（韓国）の親戚、知人からは「日本に味方した」として非難されるなど理不尽な差別に振り回されて生きてきたはず……おりしも、ピースボートの主催する「ヒバクシャ地球一周　証言の航海」でご一緒し、下船後も、親しくさせて頂いた、韓国人の李　鐘根さんの訃報（令和4〔2022〕年9月死去）を聞き、彼の差別に苦しんだ被爆証言を思い出していました。李さんは在日韓国人2世ですが、15歳の時、爆心地から1.9kmの、荒神橋で通勤途中に被爆。彼は、「顔や手など火傷した私は、焼け野原の中を家まで歩いて帰りました。火傷には"赤チン"を付けて治療し、しばらくすると火傷した皮膚が腐り、そこにハエが卵を産み、ウジがわきました。母はウジを箸で1匹ずつ取り除いてくれましたが、焼けただれた私の顔を見るに忍びなかったのでしょう、このままだったら大きくなっても一人前の人間にはなれないだろう。代わってやれるものなら代わりたい。と泣きながら"辛かろう、苦しかろう、早く死んでしまえ、早く死んで楽になれ"と言って……。私の頬に落ちて来た涙のぬくもりが忘れられません」と話していました。彼は差別と、原爆症：癌と闘いながら、核廃絶を訴えて94歳の生涯を終えた勇気の人でした。

　私は、原爆を語る時、在日の外国人も被爆していた事実を忘れてはい

けないと、李さんとの出会いで、心に刻むようになりました。アメリカが広島に原爆投下を決めた理由の一つが「目標都市の中で唯一、連合軍の捕虜収容所がないと思われていたため」と言われていますが、原爆投下の10日前に爆心地に近い、中国憲兵隊司令部に収監された12人のアメリカ人(B29爆撃機に搭乗。日本軍の撃墜により捕虜となる)をはじめ、捕虜ならずともアメリカ人（日系を含め）やアジアからの留学生など、外国人も大勢被爆していたのですから。

　……ともあれ、朝鮮人の歓喜の一夜を、眠れぬまま、恐怖で過ごした母たちに、追い打ちをかけるように、次の日は、隣組から触れ（布令）が回りました。

　「アメリカ人が入って来るから、女子や、子供は、目につかないところに隠れてアメリカ兵に見つからないように、それとも、田舎に入るなりして身を守って下さい。」

　しかし、中広町には、米軍は来なかったそうです。

惨禍の爪痕〜駆り出された中学生8000人：命の行方

　母が原爆投下後、初めて中心地に出たのは、終戦から3〜4日経ってからのことでした。母はずっと段原の姑（セイ）のことが気がかりだったようで、終戦になったので再び攻撃を受ける心配もなくなり「とにかく、段原に行ってみよう」と、兄と私を祖母に頼んで朝の涼しいうちに一人で出掛けることにしました。

　天満橋を渡り、十日市に出て、東にまっすぐに電車通りに沿って進みました。広島の街はどこまでも瓦礫の焼け野原でした。前方には、福屋（デパート）と数件の焼け残ったビル、その右向こうにポツンと小さな丘（比治山）が見えました。あの丘の向こう側が段原です。

　母は、壊れた相生橋を渡り、焼けて鉄筋だけになった産業奨励館（原

紙屋町の電車通りと全焼全壊した市街地。左奥の低い山が比治山
（8月12日、撮影／川原四儀氏、提供／広島平和記念資料館）

爆ドーム）の側を通り、紙屋町あたりから、南に折れ電車通りに沿って
歩き、広い通り（現在の平和大通りあたり）に出ると、東の鶴見橋を目
指しました。鶴見橋を渡り出汐町に出ればすぐ段原です。人影もまばら
な廃墟の街をただ、夢中で歩いたといいます。電車道路の脇はどこまで
も焼け野原が続き、焼き爛れた瓦礫の中に腐りかけた人（だったと母は
言うのですが）らしき死体があちこちに。腐敗臭が混ざったような臭い
がし、ハエが集っているので、すぐに分かったと言っていました。終戦
になっても死体を焼いていた場所もあったし、場所によっては即死した
人や動物の死体が処理されないままだったのかもしれません。

　現在の「平和大通り」（旧・100メートル道路）と呼ばれるあたりま
で来ると陽も昇り、人影も増え、あちこちで焼け焦げた瓦礫の中を、身
内を探し歩いている人たちに会いました。多くが市街地からやって来た
人のようでした。

　特に、この周辺は「建物疎開」のために近隣の学校から集められた中
学生が動員された場所でした。「建物疎開」は、敵の攻撃を受けた時の

左：相生橋（8月9日、撮影／川原四儀氏、提供／広島平和記念資料館）
右：相生橋から広島県産業奨励館（原爆ドーム）に向って
　　（8月20日、撮影／尾木正己氏、提供／広島原爆被災撮影者の会）

　火災の延焼を防ぐ目的で行われた木造家屋の解体作業です。それを手伝うために中学生（1年生を中心）が動員され、周辺の数カ所に分散して働いていました。全体では8000人にも及ぶ学生が動員されていましたが家屋を解体した木材は燃えやすく、火の回りも早かったので、ほとんどの学生が即死でした。

　市内に新型爆弾（原爆）が落とされたことを知った親や兄弟たちが、入れ代わり立ち代わり、述べ3000人近くやって来て、広くどこまでも続く瓦礫の中を探し回っていたといいます。その人たちの中には、後に「入市被爆者」と認定された人も少なくありません。

　母は、比治山の近くの鶴見橋まで来たところで、偶然、段原に住む近所のおばさんに遭遇。彼女は、この近くで被爆したはずの、親戚の娘さんの消息を探していたところでした。

　「姪は、このあたりで、家屋の解体作業に携わっていたはず。しかし、大勢が水を求めて、この川（京橋川）に押し寄せたので、姪も川に入って……、そのまま（引き潮に）流されたのかもしれんし、それとも、比治山に逃げ込んだかもしれんねえ。あそこは、大勢が逃げたそうですけ。」

　心配そうに見上げた比治山の御便殿広場あたりに立ち上がる煙に目を

潤ませて、

「比治山にも何回か上がってみたけど、大勢が横たわって死んどっての、次々に焼いておられてね。あの娘も、もう焼かれたかもしれんのよ……、それでも、何か姪の生きていた痕跡がほしくて、こうして毎日、歩き回っているけど……」。

この鶴見橋地区での建物疎開に参加していたのは、後に私が入学することになる広島女子商業学校を始めとする12校の2000人近い生徒だったそうです。

建物疎開に駆り出された、ほとんどの学生が一瞬のうちに命を落とし即死。身元確認は困難を極めていました。駆り出された8000人のうち、1カ月以内に6000人が死亡したと言われているのです。

母は、おばさんに、自分は今、中広に疎開していて、段原の姑の所へ行くところだと話すと、彼女は、

「まあ、ご存じじゃなかったのですか。段原は比治山の陰で、火災は免れましたよ。でも、お宅の義母さんは、その前に本家のお嫁さんと西条の方へ一緒に行かれましたよ。戦争も終わったことだし、そのうち帰っておいでるでしょうよ」。

姑は、無事だったのです。小姑が面倒を見ると約束したはずだったので少し驚きましたが、西条にいたのなら、まず安心と胸を撫でおろしました。本家の嫁というのは、父の兄嫁で、早くから西条の実家に家族で疎開していました。

ともあれ、姑が無事で、今は段原にはいないことが分かったので、大急ぎで中広町に引き返しました。

それにしても、朝、家を出てから、家に着くまでに、どれほどの死体を見たことか「焼野原のあちこちで人を焼いておられたけど、天満川でも、京橋川でも大勢の死体がパンパンに膨れて浮かんどったのが目に焼

きついてどうにもならんのよ。」

　母はあの川の様子を話す度に、眉間に皺を寄せて目を潤ませていました。

川一面に浮かぶ死体

　母と前後して伯母も中心地に出て、川や街の惨状を目に焼き付けていました。伯母の目に焼き付いた焼け跡の惨状は、原爆投下31年後の8月に発行された『あさ』に次のように記されています。

◆ピカのあとのひろしまと食糧難　　隆杉京子

　……敗戦となって5日ぐらいたってからでした。食品配給所の人が来られました。私は食品配給人だったのです。そのため、配給院の呼び出しがあったのだと言ってこられました。私はまだ、体の具合がよくなっていなかったので、事情を話したのですが、「とにかく人員がないので出て下さい」と言って帰られました。

　帰られたあと、私は考えました。主人は召集で中支方面に行ったというだけで、便りが一度もありませんでした。内地にいた人はすぐ復員されましたが、主人の復員は見当もつきませんでした。

　やっぱり無理をしてでも私が働かないと子供を食べさすことはできなかったのです。無理とは思いましたが、出ることにしました。

　朝八時までに千田町の文理大北門まで来てくださいとのことでした。

　私は朝7時ごろ家を出ました。福島町の電車の鉄橋を渡り、己斐に出て山手を通り、横川に出て、寺町の土手筋を下り相生橋に出ました。

　ピカが落ちて初めて中心地に出たのです。相生橋の所まで来てみると、広島駅が一目で見えました。31年前のあの当時はほとんどが木造建てでした。カワラだけがかぶさってよく焼けていました。ランカンはみん

焦土と化した市街地。右手奥に広島駅が見える
（8月7～8日、撮影／岸田貢宜氏、提供／岸田哲平氏）

な左に倒れて半分位は川の中に落ちていました。当時の産業奨励館（現
在の原爆ドーム）は鉄筋だったので骨だけの姿で残っていました。

　電車は焼きただれ、電線に女の人の髪の毛がもぐれついていました。
とにかくひどかった。なかなか言葉や文章に表すことが出来ません。昔
は家を建てるのに大きな材木が使われているから下敷きになったらなか
なか這い出ることが出来ず、そのうちに火が回り焼け死んだ人もたくさ
んおられました。

　どこまでも焼け野原でした。不気味な焼け野原をただ一人一生懸命に
夢中で歩きました。革屋町まで来ると、ビルの中に大きなコンクリート

左：爆風で破壊された革屋町、帝国銀行広島支店の内部（8月末頃、撮影／川本俊雄氏、提供／川本祥雄氏）
右：広島市役所（8月下旬、撮影／川本俊雄氏、提供／川本祥雄氏）

がぶら下がっていました。その時の光景はとても恐ろしく感じました。原爆の恐ろしさ、戦争の悲惨さを感じました。自分が生きていることさえ不思議に思われたのです。

　私は電車道をおそるおそる速足で歩きました。時々自分の足音が、誰か後ろからついてくるようにさえ聞こえました。市役所の前まで来ると、焼け跡の中に１人２人と人影が見えました。私はほっとしました。私は配給員の人とお互いに生きていたことを喜びあいました。私は、焼け残った校舎の中に入り係りの人に事情を話して外に出て待っていると、呼ばれました。行くと市内配給の数を取って下さいとのことでした。仕事は楽で、余り体には無理を感じませんでした。夕方は早めに帰らせてもらいました。

　帰る時、日当として「カンズメ」「タクワン」「サトウ」を少々もらいました。それを背中に負い、子どもたちの待っている家路へと急いで帰りました。

　山手川も福島川も水が出ていなかったので、川の中を通って帰りました。帰って川のことを母に話すと「天満橋」が通れると聞いたと言いました。

　翌日は天満橋に出ました。天満橋まで来ると、胸のつまる思いがしました。見るも無残な姿でした。川一面に、死んだ人、馬、牛、犬すべて

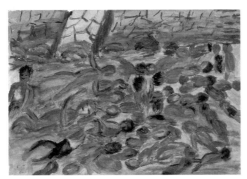

川に浮く無数の死体
（作者／榎本安枝氏、所蔵／広島平和記念資料館）

が水でふくれて浮いていました。中でも幼い子どもたちは小学校 1 年生か 2 年生くらいでした。この罪のない幼い子どもまでが戦争の犠牲になったのです。

　何も知らないままで死んでいったこの子どもたちが可哀そうで、私は橋の上で足を止めて泣きました。しばらくの間、合掌していました。

　幼い子どもの死は他人ごとのようにおもわれませんでした。私にも幼い子どもが 4 人もいたからです。

　その頃ときどき朝早くから外国人が 2 人くらいで焼け跡を歩いていました。だが、どんなわけで歩いていたか分かりません。その人たちはふつうの洋服を着ていました。その時は、私は、外国人を見るだけで恐ろしく感じていました。

（執筆当時 60 歳）

ハエの異常発生

　毎日、毎日暑い日が続きました。終戦直後から火傷の痕や、傷口にウジがわいていましたが、次第に増え続け、ハエが異常発生して被爆者を悩ませていました。伯母は仕事に出るのに、毎日手拭いで背中のハエを負いながら歩いていたといいます。道を歩いていても、体が黒くなるほどハエがとまるからだそうです。そのうち伯母は、「さすがにアメリカ軍も困ったとみえて、飛行機から薬を撒いとる、撒いとる」と言って見ていましたが、4 〜 5 日経つとハエは少なくなり、「やっぱしねえ」と、妙に感心していたそうです。でも、「何が、やっぱりなん？　私らをハエと一緒にして！」　母は無性に腹立しく、伯母にあたっていました。そのうち、中広町にも、田舎から消防団の人が来て、焼け跡の死体の整理をしていました。穴を掘って、その上に鉄格子を置き、死体を山積み

にして焼いていました。焼かれた山がいたるところにありましたが、その山もいつとはなしになくなっていき、また新しい山が出来るのでした。

　原爆投下から4〜5日経った頃から、ひっきりなしに死体を焼く風景を見続けていましたが、次から次に死体が見つかり、終のない整理がいつまで続くのかと本当に胸が痛かったと、母も伯母も口を揃えて言っていました。

　その後、二人は天満橋に出て川底を覗いて見てみましたが、もう死体はなくなっていたそうです。母も伯母も信じて疑いませんでした。

　「全部、死体を上げて火葬にしてくださったにちがいない！」と。

　……私は歳を重ねるごとに、母や伯母が、原爆投下による川の惨状を目の当たりにして慟哭した心情に思いを馳せることが多くなりました。その思いは年々深く、広島では8月6日の夜、川に灯籠を流す行事がありますが、彼女たちが、生涯にわたってこの行事を大切に思っていた理由にも思いを馳せるようになりました。

お腹の太るものを

　10月に入っても米の配給はありませんでした。配給は主食として、トウモロコシ、大豆、大豆カスといったようなものと、時々砂糖がありました。少しでもメリケン粉が残っていると団子汁を作り、大豆を炒ってそれを主食にしていたそうです

　なにしろ、食べるものがありませんでした。子供たちはもちろん、大人もみんな腹ペコの状態が続いていました。

　伯母だけが頼りの大家族。その伯母は、仕事に行く時は大豆を鍋で炒って紙にひねり包み持参。それを昼の弁当にしていたそうで、この少しの大豆と水ばかり飲んでいたので、力が出るはずがありませんでした。それでも伯母は、何とか子供たちに食べさせたいと、懸命でした。

　伯母は広島駅の近くの仕事仲間に「お腹の太るもの」を訊ねると、「芋粉ならあるよ」と教えられたのだそうです。そこで夕方、広島駅に芋粉を買いに出かけました。夜も更け暗くなっても伯母の帰りが遅いので、皆が心配して表に出て立っていました。しばらくすると、伯母はメリケン袋のようなものを背中に背負い帰ってきました。早く帰らねばと気が焦るものの、荷物が重くて足がもつれてあるけなかったのだそうです。

　袋の中身は芋粉。早速、祖母も母も手伝い、芋粉で団子作りに取り掛かりました。出来上がった団子に砂糖を付けて深夜の夕食。いつも空腹でひもじい毎日が続いていたので、久しぶりに腹いっぱい食べることが出来ました。私も美味しそうに一杯食べていたそうです。この団子の味は、みんなの心にいつまでも残ったようです。

　「その時の美味しかったこと！　生涯最高の食卓だった」
と、母は言うのですが、記憶の無かった私に一度も再現して食べさせてくれたことはありませんでした。伯母は
　「あんな、美味しいものは、二度と作れないの。あの時は神様の魔法が、かかっていたからね。もう一度作ったら魔法が解けるの」
と笑っていました。食糧難という時代の、期間限定の貴重な魔法だったようです。

兄の火傷と父の復員

　8月も終わりに近くなった頃から、兄（勝洋：3歳）の足の火傷が変色してきました。火災による火傷ではなく、原爆の熱線によるもので、最初は膝の裏側の皮膚が少し赤くなった程度でしたが、そのうち皮膚が化膿し傷口が段々、大きく広がりはじめました。

　「薬も病院も何もなくてね、どうしてやることもできず、ただなだめるだけで…」。

　母は痛がる兄を抱きしめてオロオロするだけだったといいます。9月に入って、隣組から「草津小学校に仮の診療所ができたので、すぐ行くように」と布令がありました。その時、兄の小さな足の火傷は 10 cm くらいに広がっていました。火傷の場所は膝関節の裏側。膝を曲げることが出来ないため、母は兄をおんぶしてその日から毎日、草津まで往復 7 km の道のりを歩いて通ったそうです。

　小柄の母が 3 歳の兄をおんぶして、雨の日も風の日も、草津までの長距離を通うのは過酷だったと察するのですが、生涯、母の口から、一度も大変だったと聞いたことはありませんでした。

　兄の火傷の治療は 12 月まで続いていましたが、12 月に父がフィリピンから復員したので、段原に帰ることになりました。

　慌ただしい年の瀬でしたが、新しい年に向けてみんな希望に胸を膨らませていました。母は父に会える嬉しさで、息子のケロイドを知ることになる父の気持ちを察する配慮などは考えもつかず、これから待ち受ける憎しみの連鎖を予想することなど出来ませんでした……。

苦闘！ 伯母さんと 4 人の従弟たち

　一方、十日市の伯母と 4 人の従弟たちは、私たちが段原に帰った後、中広町の祖母の家には伯父たち（母の兄弟）も復員してきたので、祖母の家の隣の空き地に住み、そこで父親が復員して帰って来るのを待つことになりました。

　一緒に被爆したもう一つの家族の、これから始まる苦闘を、伯母が過去に遡り、十日市に嫁いだ戦前から戦中、戦後へと書き残していました。執筆時 64 歳。被爆 35 年目を迎えた、昭和 55（1980）年 7 月発行の山下会誌 10 号『あさ』に綴られた文章を、伯母の平和への想いとともに、ここに掲げます。

64

私の生きて来た道　　　隆杉京子

京子伯母さん
（昭和40年撮影）

【結婚】

　昭和10年の秋に結婚しました。嫁いだ家は、夫とその兄弟5人義母と私と8人家族でした。夫の兄弟2人は家を出ていました。家は旧横堀町（現在の西十日市町）にあり、当時八百屋をしていました。

　毎日が忙しい商売でした。私は無我夢中で戦中戦後の子育ての時代を過ごしてきたのです。今思うと、何もかも手探りでした。貝のように閉じたまま、何も言えない時代でした。

　昭和13年長男（聡）を出産。昭和15年次男（端）出産。昭和16年12月大東亜戦争勃発。昭和17年3男を出産。昭和19年4男を出産。昭和19年主人に召集がきました。中支です。

　男の子ばかり生まれるので、兵隊さんの生まれ変わりだと言って皆からよく可愛がってもらいました。

　義母は毎晩戦地の息子に手紙を書いていました。毎朝陰膳を床の間の写真の前に並べ、時折慰問袋も送っていました。

【大日本婦人会】

　毎日出征される兵隊さんを隣組が当番で宇品の桟橋まで見送りにいきます。港では日の丸の旗を力いっぱい振り、万歳を叫ぶ声で沸き返りました。女性はみんな白いエプロンに、大日本婦人会と名の入ったタスキをかけて見送ります。

　広島の街はさすがに軍都です。県外から出征される兵隊さんを迎えたり、送り出したりするので湧き返っていました。

　宿舎が足りないので民間の家まで宿舎が割り当てを受けるようになりなりました。私の家でも2人、3人と一晩泊まっては出征されました。宿を受け持った家の者は、一生懸命ご奉公させて貰いました。しかし、こうしたことは長く続きませんでした。

　占領のニュースが流れると、夜は提灯行列に出ます。市民を上げての喜びでした。

　この頃は何も知りませんでした。時の流れに流され、すべて政治を信じていました。

　毎日、ラジオのニュースを聞きながら、やっぱり日本は強いと思いました。

　神国に勝るものはないと言っていました。私は大正から昭和5年まで教育を受けて来た古い人間ですから、そのように信じていました。

　千人針といって、晒しに竹箸に朱肉をつけて、「武運長久」という字の上に1000個ほど押すのです。それを女性に限り一人一針ずつ瘤をして、糸を切らずに縫っていくのです。それは、弾よけとして人に好かれました。出来上がるとお宮に持って行き祈願をしてもらいます。

【大東亜戦争】

　昭和16年12月6日、真珠湾を攻撃したと聞きました。それは何処だろうと思いました。後でそれはハワイだと聞き、アメリカだとわかりました。

　その時、ふと何か一瞬頭の中をよぎりました。私は何かわからないけど、これからどうなるのだろう、と不安でした。こうした思いも毎日の暮らしに追われてまた、消え去っていきました。35年経ったいま、当

時を思い出してみますと、表だけを見て裏を見抜くだけの力がなかった自分が今さらながら恨めしく思われます。誰もが平和で人間らしく生きたいと心から思っているはずです。

【食料統制】

昭和17年、食糧が一番に統制になりました。米穀通帳が出ました。戦争が進むにつれて物資は次から次へと統制になります。衣料品が切符制になりました。買う時は点数で買います。

昭和18年、配給米だけでは足らなくなりました。私は大根をアラレのように小さく切って米に中に入れるのですが、子供が嫌って食べません。田舎の人に頼んで、朝市場に来られる時、肥桶の中に隠して持って来てもらうのですが、これも警察の取り締まりが厳しいので続きませんでした。

食料品も統制になりました。当時、新市町と横堀町の受け持ちでした。その当時、1500人くらい受け持っていました。市場の近くでしたので、食品を製造される家が沢山ありました。何処の家にも若い男の子が住み込みで働いていました。

菓子の製造をする家が多く、そのうちに、材料の砂糖、メリケン粉、小豆というように配給が少なくなってしまいました。やめる家もでました。

若い男の子は兵隊に取られるし、もう、年寄りの家はやめて田舎に入られました。学校に行っておられた若い人たちは志願して予科練に行く人もありました。当時の若い人のあこがれのようなものがあったのでしょう。失われて行く若い命のことなど考える暇がなかったのでしょうか。引き止めたくても、当時は表立って言えないので、親はどんなにか悲しまれたと思います。夜は電気に黒い袋を掛けてその下で配給米を一

升瓶に入れて竹で白くなるまで搗きました。

【防空壕】

　昭和18年、各家に防空壕を造るようにと回覧板が来ました。私の家は子供が小さいし、たくさんおりますので、頑丈で大きいのを造ってもらいました。

　秋から冬にかけて非常用の食品を山の横穴に疎開させました。毎日、リヤカーを引っ張っていくのです。梅干、缶詰でした。戦争が進むにつれて物資は段々少なくなりました。その中でも食料事情は益々悪くなりました。

　12月に非常用として、各家庭に缶詰とカンパンを人数制で配給されました。昭和19年には、魚も配給制になり、薪も配給になりました。食堂は5店くらいが、1カ所に集まって雑炊を配給してくれました。これも毎日ではありませんでした。どんなに食べるものに不自由しても、誰一人として不足を言う人はいませんでした。誰もが、戦争に勝つまではと言ってがんばりました。

　市場ではまず、軍隊が先に取り、残りが一般の配給に回るのでなかなか順番が回ってきませんでした。田舎も男は兵隊に取られ、畑に出て仕事をするのは年寄りと女子供です。益々野菜の出荷が悪くなるばかりです。昭和19年3月7日。4人目の男の子を出産しました。

【夫の召集と面会】

　その年の5月、主人に召集がきました。当時、広島5師団指令部が現在の基町全区でした。主人は5月20日に第2部隊第3中隊××班に入隊しました。横堀町から第2部隊までは近かったのです。相生橋を渡るとすぐでした。その日の夕方、長男がいないので、近所を探しましたが、

どこにもいないのです。

　ひょっとしたらと思って朝主人を見送った所を探しにいきました。第2部隊の前に小さな堀があり、その堀の前が郷呂になっていたのです。その堀端を通って行きますと長男に似た子供が堀に足をぶら下げて第2部隊の方を見ているのです。私はそっと行って声を掛けると、何の屈託もない顔で私を見てにっこりと笑うのです。

　「どうして来たのね」と聞きますと、長男は「お父ちゃんを見に来た」と言うのです。

　私が、「父ちゃんは出てきてないよね、早く帰ろう」と言いますと長男は「中に兵隊さんがいっぱいおってのが見える」というのですすぐ立ち去るのも可哀想で、長男と二人で堀の端に座って中を見ていました。少し時間が経って「帰ろう」と言いますと長男は「うん帰ろう」と言って素直に立って歩き出しました。

　私は長男に親のぬくもりをしっかり感じさせてやりたいと思い、背中におんぶして話をしながら、靖国神社の前を通り相生橋に出て家に帰りました。帰った時にはもう疲れたのでしょう、よく眠っていました。

　近所の米屋の息子さんが軍人さんで、毎日第2部隊に通っておられましたので、主人が出て2日目の夜、米屋に行き息子さんに、夫の面会を頼みました。それで、入隊して4日目に子供4人連れて行き会わせてもらいました。

　いろいろ工面して主人の好きな食べ物を持って行きますと、米屋の息子さんが出て来られて、親子6人に一室を与えてくださり、楽しい時間を過ごすことができました。

　【夫の出征】

　息子さんは6日目の、隊に行かれる朝、私の家に寄られて「今晩、発

たれるかもしれませんから、夕方、早めに出て行ってみなさい」と知ら
せてくださいました。

　誰にも言わずに、夕方雨が上がりましたので義母と私と子供たち６人
で西練兵場に行きました。私が赤ん坊をおんぶして次男の手を引き、義
母が３男をおんぶして長男を連れて息を切らして西練兵場に着いた時に
は、もう兵隊さんは第２部隊の門の所を出発しておられるのです。

　雨上がりの西練兵場はぬかるみのようでしたが、急いで早く行かない
と会えないので、泥の中でも構わず、急いで行きました。

　私たち親子は門の見える所で見ていましたが、兵隊さんの恰好は皆、
同じようなので分かりませんでした。

　兵隊さんは京口御門の所を出て、電車白島線に沿って行き、常磐橋を
渡って東練兵場に行くのです。そのころ東練兵場には軍隊の専用列車が
引き込んでありました。権現さんの所まで来るともう、中に入ることは
出来ず、暗くなるのを待っていました。何時間も立ったり座ったりして
随分待ちました。

　誰も、今夜息子や主人が出発するという保証はないのですが、それで
も今夜が最後のお別れになるかもしれません。そんな気持ちで他所の人
も来ておられるのだと思います。

　時間は分かりませんが汽車が静かに出て行きました。真っ暗の中でお
互いに涙を流しながら別れを惜しみ見送ったのです。見送る人の中に家
名の入った提灯をふる人、また旗をふる人がいました。汽車は西へ、西
へと長い列を作って走りました。

　義母はこれで５人目の息子を送ったのです。汽車が見えなくなるまで
闇の中で白いハンカチを振っておいででした。見えなくなって泣いてお
られたようでした。

　私も涙が止まらず、列車がこれで最後と思った時、声を出して泣きま

した。今まで堪えていたものが一度に込み上げてきたのです。子供の重みも一度に感じました。

　何と言ってよいのでしょうか、口に出して上手く話せるようなものではありません。今でも書いていると胸が痛くなります。当時は何事も軍に従い、戦争に勝つことのみ考えたものです。主人が何処へ行ったのか、あの晩に出発したのか、それすらはっきりしたものではなく、何事も市民には知らせないのが軍隊でした。

　毎日知らされるのは、大戦果の発表だけでした。

【防空訓練】

　11月に入って、義母はどうしたのか、何も言わずに出ていきました。私は小さな子供を4人連れての生活でした。

　義母が今日は帰るかと、毎日待っていましたが、とうとう帰って来ませんでした。

　隣のおばさんが見かねて、私が配給を取りに行く時は子供を見て下さいました。おじさんもおばさんも自分の孫のように可愛がって下さいました。

　12月の中頃だったと思います。中支より軍事郵便のハガキが一枚来ました。詳しい事は書いてありません。「毎日元気でご奉公している。子供を頼む。皆体を大切に」　と簡単なものでしたが、出征して初めて来た一枚のハガキです。私は本当に嬉しかった。生きていることが分かったのです。でも、それっきり便りは来ませんでした。

　本土も空爆が激しくなってきました。毎晩本土決戦にそなえての防空訓練も激しくなりました。等身大のワラ人形を竹やりで突くのです。火を消すのにバケツリレーです。高い所の水かけは、ルーズベルトや、チャーチルの似顔絵が高い所に吊るしてあるのです。その似顔絵をめが

けて水をかけるのですがなかなか当たりませんでした。いろんな訓練を
しました。もう、みんなクタクタになってしまいました。どんなにつら
くても訓練に出ないと非国民と言われた時代なのです。冬は毎晩コタツ
をして子供たちを休ませてから防空訓練に出ていました。

【供出品】

　昭和19年の暮れだったと思います。金、鉄、銅はみんな供出するよ
うにと回覧板が回って来ました。皆出しました。仏具まで。やかん、釜、
鍋は各家にそれぞれ一つだけ残して皆出しました。供出したあと、これ
で勝てるのかしらんと思ったりしました。

　35年経って当時のことを思うと、正直に出したものが一番バカを見
たと思います。私の知った人ですが、出さずにその人は指輪を袋に入れ
ていつも首にかけておられたのです。戦後のお金も品物も無い時、指輪
を品物と換えたり、お金に換えたりしておられました。その人が「指輪
の一つぐらいかくしておいても、よかったのに」と言われたことを思い
だします。

　戦後、どれだけの人が泣いたでしょうか。食べるものが、欲しい、薬
が欲しいと思ってもお金もなく、換えるだけの品物もなく苦しみながら
死んで行かれた人のことを思い出しながら、あの時、世の中を見る目が
あったら出さなかったのにと思いました。その後、家庭用のミシンも出
すように言われミシンを出しました。

【空襲警報】

　昭和20年に入って信じたくないニュースを聞きました。戦局も何だ
か悪くなったようでした。全滅や玉砕の話を聞く度に主人のことが心配
でした。益々、空襲警報が激しくなりました。夜寝る時もモンペを外す

ことなどありませんでした。警報が鳴る度に小さな4人の子供を連れて防空壕に入るのですが、夜には、子供は眠いので泣く子もいるし、寝てしまって起きない子もいるので、一人ずつ連れて壕の中に寝かすのですが、その時の気持ちの辛いこと、解除になるのを待つ時間の長いこと。また、不気味な気持ちでただ黙って4男を抱き、息を殺して待つのです。

【中広町へ】

昭和20年。春とはいってもまだ寒い朝のことでした。私の家の前が「家屋疎開」にかかりました。住んでいた人は早々にでられました。毎日毎日次から次に家が倒されていきました。道路も広くなりました。これは大火を防ぐためです。子供が小さいのでここでは危ないといって、近所の人に勧められて5月に入って中広の里に帰ることにしました。里には段原の妹が2歳の女子と3歳の男の子を連れて帰っていました。配給のある時だけ西十日市に来て配給をしていました。

【原爆投下そして終戦】

妹の主人がフィリピンから復員しましたので、段原に帰りました。里の弟も朝鮮から復員しました。私たち親子5人で里の隣の土地に住むことにしたのです。焼けトタンを拾い集めて小さなバラックを作って住むことにしました。

【闇市で売る】

食品組合で貰うだけでは生活が出来なくなりましたので自分で商売をすることにしました。その頃、天満川の川土手にぼつぼつ店が出始めました。

私もここなら人通りも多いし商売になると思って、ムシロを一枚敷い

て野菜を少し並べて座ったものの、恥ずかしいので手拭いを深くかぶっていました。それで、人に顔を見られずにすみました。

　夕方までにみな売れたのです。ムシロを脇に抱えて家に帰りました。今日の儲けは２円50銭でした。嬉しかった。

　あす売る品物を探しに出かけて夜８時頃に帰ると子供は皆起きて、私の帰りを待っていました。

　朝鮮あめを買って帰ると、子供が喜んで食べました。親指くらいが１つ１銭でした。米の配給がなかなかありませんでした。３日くらいは人に顔を見られたくないので、深くかぶっていましたが、こんなことではと思って今度は浅くかぶって座りますと、時折、知った人に見られては声を掛けてもらい品物も買ってもらいました。

　毎日決まって買いに来て下さる人もいて、元気が出ました。通る人を見ていられるようになりました。ある日、新市町に住んでおられた人が言葉も出さずにじっと見ておられます。私が「奥さん、お元気で」と声を掛けても黙っておられるのです。少したって「隆杉のおばさんね」と言われましたので、返事をしますと、そこで初めて奥さんが話してくださいました。

　「あの朝ね、私が観音町の牡蠣殻の土手を逃げる時、あなたが死んでおられたのです。見ると腕から血が流れていたので、私が手拭いで括ってあげたのよ」と言われて、私はびっくりしました。

　「あなたはもう死んだようになっておられたのに助かったのね……、私はあなたを見てびっくりして声がでなかったわ。顔がはれていたでしょう」といわれました。

　「頬がまだしびれとります。」

　「目が痛そうね。」

　「はい、太陽がまともにあたると、涙が出てこまります。」

74

「こどもさんは？」と聞かれたので、

「4人とも今のところ元気です」。

「良かったね」と喜んでくださいました。

「奥さんは何処におられます？」と聞くと、

「古江にいますけど大阪に帰ろうと思っているのよ」と話されました。それっきりお目にかかったことがありません。大阪に御主人の本社があったように思います。戦前は毎日、買いものに来て下さっていたお客様でした。私も、たまげてお礼の言葉もでなかった。今思うと本当に失礼なことをしたと思っています。

　ヤミ市も日増しに店が増えてきました。今まで見たこともないような商品が何処からともなく現れるのです。色んな人との交わり、そこで起こるさまざまな出来事、私はため息をつくばかりです。日が経つにつれて商売も繁盛しました。主人の友人が品物を持って来ては売らして下さるのです。当時はどんな品物でも売れたのです。商売も良くいって少しばかりですがお金も貯まりました。その年も秋風が吹き始めました。薄暗いローソクの下で4人の子供がうずくまって寝ているのを見て、私はただ、主人に生きていてくださいと祈る気持ちでいっぱいでした。

　私は爆風で倒れた家を5円で買いました。朝早く起きて整理に行き、夕方帰って農家で大八車を借りてそれを運ぶのです。子供は昼の間に焼跡の中から壊れていない瓦を集めて積んでおくのです。夜中に誰かが、材木を持って行くのです。これでまたこまりました。

　12月に入って寒い日が続きますので、近所の大工さんに頼んだ所、1週間くらいで家が出来たのです。その時わたしは大きな家が建ったと見上げました。

　今までのバラックは立てば頭が当たるのでいつも腰をかがめていたのですから、涙が出るほど嬉しかったデンキもひきました。

　こうして、親子が力を合わせて家が出来たのです。主人がいつ帰っても休むことが出来るようになったのです。我が家にも時折笑い声が聞こえるようになりました。子供はころんで家の中を走りまわります。畳の代わりにムシロを敷きました。今度は相撲を取ります。ラジオの中古も買いました。毎朝、復員する部隊名を教えてくれるのです。毎日、復員する人で貨物列車は黒山の人でした。夜中に靴音がすると目が覚めて耳を澄まして聞いていると靴音は何処かに消えていくのです。そんな時の寂しさと不安な気持ちで泣いたことが幾度かありました。

【夫の復員】

　朝、天満川土手に店を出していると、主人の友人が知らせにきてくださいました。詳しいことはよくわからないが、今すぐ横堀町のお母さんの所へ来てくださいとのことです。私は店を頼んで家に帰る道々、人目も構わず泣けてくるのです。悲しいのか嬉しいのか自分でも分からないのです。

　家に帰り子供を連れて主人の母がいる横堀町まで行きました。まるで別人のようでした。変わり果てた主人の姿、骨と皮です。栄養失調でした。

　お互いに顔をみても言葉すら出なかった。涙が頬を伝うだけでした。私はうれしかった。命があったのです。

　その当時、淵崎小学校が引揚の病人の収容所になっていました。私は翌日、淵崎の病院に行き、主人を連れて中広の家に帰りました。毎日の看護も大変でした。日増しに良くなってどうやら自分のことが出来るようになりました。妹が時折見舞いに来てくれました。私も食べる米が無いので着物1枚をお米5升と交換しました。お金も足らないのでまた、1枚というようにして、主人の栄養をとるのにあてました。竹の子生活も苦しかった。私は一日中家に帰らず商売することができるようになり

ました。

【闇取り締まり】

　8月3日だったと思います。野菜を畑に買いに行き、警察に捕まって連れて行かれました。朝9時観音町の畑の中でお金を払って帰ろうとした時でした。大手町の旧西警察署に連れて行かれました。初めてなので、体がブルブル震えて止まりませんでした。その日、一日中責められて、とうとう泣き出しました。いくらほんまを言っても堪えてくれませんでした。朝出た切り一度も家に帰らないので、心配でなりません。

　「主人が病人でちいさな子供が4人おります。それを私一人で養って行くのです」と、いろいろ話しました。時間が経てば子供や主人のことが心配で、もう相手の話など耳に入りませんでした。

　帰りたいばかりでした。5時頃でした。中に入って来て「今日のところは帰してやるけど、これで済んだとおもうなよ、かえってよし」と言ってくれました。私は何度も頭を下げてお礼を言って帰りました。家では心配していました。家に帰っても取り調べをした男の顔がまぼろしのように浮かんで恐ろしかった。人が戸を開けるとその男の顔に見えてハッとするのです。当分は毎日が嫌でした。それから2カ月くらい経って検察庁から呼び出しがありました。現在の「東洋工業」です。中広から向洋まで歩いて行きました。その当時は乗り物がなかったのです。当時の警察庁は工場の建物の中にあって入ってみると、中では大きな声で叱られている様子でした。たくさんの人でした。私は胸の動機を抑えることが出来ませんでした。今日はどうなるかと思うと体が震えてどうすることも出来ず、番を待っていました。私の隣にいた人が私に「そんなにおそれんさんな。誰も好き好んでヤミをするのではない。生きるためじゃ」。

　そのうちに私の番がきました。中に入ると、私を見て「かけなさい」

と言われ、腰を掛けて待っている間、男の人は調書を読んでおられました。

「あなたは気の毒に、ご主人を大事にして上げなさい。」

私は頭を下げて「はい」と言ったら、「あなたも体に気を付けて。子供さんが多いから大変ですねこれからは、ヤミ買いはしなさんなよ、もう、いいから早く帰って上げなさい」と言われました。嬉しくて「ありがとうございます」と言って外に出ました。

帰りには身も心も晴れて、まるで雲に乗っているような心地でした。軽い足取りで帰って来ました。私が帰ると主人は喜んでくれました。今日のことを皆に話してあげました。私たち親子は戦争のためにこうなったのだと思うと悲しみより、腹立たしい気持ちになりました。主人も元気を取り戻したので、横堀町に帰ることを考えました。

【横堀町に帰る】

主人が子供を連れて焼跡整理に毎日通いました。大工さんに頼んで家を建ててもらいました。

商売が出来るようになったのですが、お金がないのです。私の一番大切にしていた最後の着物です。涙を呑んで全部売ることにしました。朝

伯母が住んでいた横堀町付近。焼けた電車が放置されている
（昭和20年10月〜12月末頃、撮影／谷原好男氏、提供／広島平和記念資料館）

鮮の人によい値段で買ってもらい横堀町に出ました。里の母にもお金を借りました。その後、商売は順調で里の母にもお金を返すことができました。

4男が父親の顔を知らないので、私に「おじちゃん、いつ帰ってんかね」と聞くのです。「あれはお父ちゃんよ。戦争から帰って来ちゃったの」と言っても無理なことです。主人は初めのうちは可愛がっていましたが、お父ちゃんとは言わないので、親子の情も湧かず、困っていたようです。

【白血球減少症】 ― 忍び寄る原爆症

昭和23年7月7日5男を出産。安産でしたが、3カ月頃に大病をしました。1カ月入院をしました。帰ってから度々病院に通いました。現在は元気です。

昭和31年頃から体の具合が変わって来ました。体の疲れがでるのです。今まで横になって休むことなどしたこともなかった私が、仕事がしんどいようになりました。毎日が忙しいので、病院に行こうと思っても、朝が昼になり、夕方になって、そんな日が続き1年過ぎました。

今日は行くことにして店を朝から閉めて思い切って市民病院に行きました。診察が終わってから先生から、「この体でよく働いていましたね。あなたは、白血球減少症です。白血球が少ないから苦しいのです」と言われました。

私は、店を休み毎日タクシーで通院しました。

昭和33年、別府の温泉がよいということで広島から初めて被爆者が別府温泉保養所の第1号として行きました。私は1カ月ほどおりました。

【山下会の出会い】 ― 平和への祈り

その後も店を閉めていましたので、店を貸して欲しいと人がよく頼み

にこられました。私はなかなかふん切りがつきませんでしたが、子供の学費の送金が要りますので、貸すことにしたのです。その時、借りて下さったのが山下会のメンバーの原田さんです。気持ちのいい明るいご夫婦でした。1年くらい経って私の身体は少し良くなり原田さんに誘われて初めて山下さんの家に行きました。その時は広島大学の藤井先生がおられて女性史を勉強していました。私はいつでもお話を聞いていました。また、体の具合が悪くなり、寝込みました。山下さんが死なれたことを聞いたのは昭和39年6月16日です。原田さんのあの時の悲しみが今でも目に浮かびます。

　原田さんはそのうち転居され我が店を持たれました。後に原田さんが『あさ』2号を持って来て下さったのです。「被爆体験を書いたのよ。一度読んで」と言って置いてくださいました。私は2号を読み終わったあとしばらく茫然としていました。私も書こう、私なりの体験を子供や孫に書き残しておこうと思い、3号から書きました。山下会も今年で16年目になります。こうして休むことなく週1回の学習会を続けて年1回『あさ』を書いています。今まで長い年月を小学生から、大学生、社会人、多くの人々に励まされてきました。

　平和を願う気持ちでいっぱいです。体の続く限り学習しながら書き続けて行きたいと思っています。

山下会の勉強会（昭和42年6月）

段原ものがたり

[地名の由来と地形]　古くは江戸時代の元和年間（1615〜24年）まで遡る古い地名をもつ「段原」ですが、当時は安芸国安芸郡に属しており、『知新集』によると葭の茂る「葭原」を「段原」と誤記したのではないかとも。元和年間時点での広島は現在に比べデルタの面積が狭く、海岸線が北に迫る地形であったことから「段原村」と呼称された当時の境界は北側にずれており、現在の的場なども含まれていたといいます。後に沖合の開拓が進み、段原村に隣接して比治村、山崎新開、亀島新開が開かれ、この3村を明治14（1881）年に合併し、村域は南に大きく広がりをみせました。

[段原村の和田郁次郎]　その一方で、3年後の明治17（1884）年に段原村から和田郁次郎（弘化4〜昭和3年）という人物をはじめとする25戸（103人）が北海道の月寒村（現札幌市内）に集団移住するという出来事がありました。因みにこの集団は9年後の明治26（1893）年には、380戸1200人の集落になり、米の生産高は北海道一を記録。翌年の明治27（1894）年には月寒村から分離独立して「札幌郡広島村」として設置。昭和43（1968）年町制施行し「広島市」に。しかし、平成8（1996）年の市制施行時には「北」を冠して「北広島市」に。和田郁次郎はその後、郵便局長をしながら学校・寺院の援助などして村の発展に尽くしました。明治10（1877）年、クラーク博士が日本を訪れ「青年よ大志を抱け」の舞台となったのも、札幌郡月寒村（現在の北広島）でした。

[段原大規模開発]　話は戻り、広島県の段原の市制ですが、明治21（1889）年広島市が発足し、段原村は市域に編入され「（大字）段原」と改称。明治26（1894）年、日清戦争が始まると軍用鉄道として旧国鉄宇品線（当時は山陽鉄道の支線）がこの地域を横断して開通。戦後は町内に煙草専売局（昭和5〔1930〕年廃止）などの工場が建設されました昭和20（1945）年の原爆投下時には、比治山の陰となり、原爆による焼失は免れたことから、家を失った被爆者が多く移り住んできました。旧陸軍施設には、広島県庁も置かれ、段原は市内きっての賑わいをみせていました。

　しかし、原爆の焼失区域ではなかったことから、インフラ整備が先送りされてしまい、戦前からの住宅と、戦後建てられたバラック住宅が密集。混在して、その間を狭い道路が縫い、下水道も通りませんでした。こんな不便な生活を嫌い、若い人たちの脱段原化が加速していきました。昭和46（1971）年に都市計画が決定。宇品線の廃線を境に昭和48（1973）年から始まるかつて類を見ないほどの大規模開発となり、40年をかけて進められたこの事業により、街の風景も変貌を遂げ中国地方屈指の街並として、もう一つの広島の顔になっていきました。

IV. 段原っ子

比治山に抱かれて
昭和 21（1946）年～

（1）記憶の始まり

幼児被爆者の苦悩

　私に物心がつき始め、記憶が残っているのは、段原町に帰って 2 年後の昭和 22（1947）年あたり、4 歳になった頃からです。その頃は、まだ連合国軍の占領下でプレスコードが敷かれていたために、原爆の全容も、本当の恐さも、知るすべもありませんでした。それから昭和 27（1952）年のサンフランシスコ講和条約の発効により、プレスコードが失効。国民は初めて原爆の全容を知ることになりました。報道の義務、国民の知る権利を取り戻したことになるのでしょうが、一方で、被爆者にとっては差別の真っただ中に放り出されることを意味していました。

　それから 5 年後の昭和 32（1957）年の 4 月、「原子爆弾被爆者の医療などに関する法律」が施行され「被爆者手帳」が約 20 万人を対象に交付されることになりました。被爆者にとっては、医療対策の前進と喜ぶ声も多かったのですが、一方で、拒否をする人もいました。その多くは幼児被爆者の親たちでした。圧倒的に死亡率の高かった幼児被爆者こそ、被爆者手帳を必要としたにもかかわらずです。

　幼児被爆者の親たちが子供のためにできることは、被爆したことを証明することではなく「隠すこと」だったのです。

　子供が差別を受け、将来の就職や結婚に差し障ると考えたからでした。実際に私の同級生の中でも、被爆者と分かって縁談が破談になったり、離縁されたりした人は大勢いました。それでも「隠しきれないから」「やっぱり心配だから」と理由はともあれ消極的ながら取得した親も含めて、原爆のことを記憶のない我が子らに積極的に話す親は稀で、子供も知らないまま成人した例が大多数だったのです。

　その後、政府機関や原爆被害者組織、あるいはマスコミ各社など、多方面で被爆者アンケートによる実態調査が行われてきましたが、幼児被爆者の声が反映されることはありませんでした。記憶がないということで多くの調査の対象から外されていたからです。しかし、私たち、幼児被爆者が原爆の恐怖を実感するのは、記憶がないことそれ自体でした。

弟のこと 〜被爆 2 世の誕生〜

　段原に帰って 2 年後の 12 月には、弟が生まれました。終戦後の第 1 次ベビーブームに生まれた赤ちゃんです。

　私は 4 歳、兄は 5 歳のときです。兄妹が家の前で遊んでいると、父がニコニコしながら手招きしていました。家に入ると、父は 2 階を指さして、「そっと上がってごらん」と、嬉しそうです。兄と上がってみると部屋の中央で、小さなお布団にくるまれて赤ちゃんが眠っていました。

　「弟で。可愛がってやれよ。お姉ちゃんになったのだから」。私の頭をなでながら父は「よかったの、よかったの」と何度も何度も呟いていました。

　不思議なことに、父の喜んでいた姿が強烈で、私は、その周辺にいただろう母や祖母の姿をどうしても思い出すことが出来ませんが、きっと

そばで一緒に弟を見ていたことでしょう。

　父は弟に「和美」と名前をつけました。「戦争はこりごり」、戦争体験で、平和であることの大切さを痛感した父は「和」の精神と、それを育む「美しい魂と生き方」に思いを込めたのだそうです。生まれてくる子が男子でも、女子でもその名前に決めていたのだそうです。弟に限らず、終戦直後に生まれた赤ちゃんの名前に「和」が多く使われているのも、和が壊れた悲惨な時代を目の当たりにした親たちが、子供には、戦争のない平和の時代を生きて欲しいと願った親心だったのでしょう。

　それから1年も経たないうちに、母は赤ちゃんを身ごもりましたが、中広町の祖母の家に近い病院で、堕胎手術を受けました。その理由は子供の私には分かりませんでしたが、父も祖母も弟の和美を目に入れても痛くないほど可愛がっていたので赤ちゃんは欲しかったはず……、きっと理由があったのでしょう。

　戦後は多くの男性が復員して、多くの女性が身ごもる反面で、堕胎する人も多くいました。その理由の多くが貧困だったと言われています。

　母の入院した病院では堕胎した多くの赤ちゃんがアルコールに漬けられて標本棚に並べられていました。まだ、放射能の影響が認知される前でしたが、アルコール漬けの中には奇形児もいました。その奇形児が被爆者の子かどうかは、今となっては確認するすべもありません。

　父に連れられて母の見舞いに行く度に、標本棚を眺めながら「お母ちゃんの赤ちゃんはどれ？」と聞いたのを覚えています。両親がどう答えたのか、その棚に母の赤ちゃんは置いてあったのかなかったのか、どうしても思い出せません。

　戦後の小さな病院の薄暗い廊下の棚に、標本扱いされていた赤ちゃんたち。現在では考えられないような、哀しい光景が忘れられません。

消えないケロイド

　弟が生まれた頃、私たちは古い借家に住んでいました。1階は父の仕事場で、2階が、生活の場でしたが、そこは1部屋しかなく、段原の祖母（父の母：セイ）も一緒に6人が肩を寄せ合うように暮らしていました。

　その頃の段原は原爆による火災は比治山の陰で免れたものの、家を失い避難して来た人も多く移り住んでいたため、原爆の爪痕は色濃く残っていました。

　原爆投下から3〜4年経った頃でも比治山の防空壕跡や、沢で暮らしている人がいました。そして、街のどこに行っても顔や体にケロイドのある人の姿が。浮浪者の中にもケロイドのある人がいて、私は子供心に怖くて仕方ありませんでした。家や家族や、職場を失った被爆者の惨い現実を、子供の私が理解するのにはまだ、時間が必要でした。

　昭和24（1949）年、私が幼稚園の年長組に通う頃には、母は、子守りを祖母に任せ、父の仕事を手伝っていました。私は兄と2人で遊ぶことが多くなり、たまに母が相手をしてくれる時は、兄妹で母を取り合うことも。そんな時、兄はキッポの足で私を払うので、私は悔しくて兄に向って「お兄ちゃんのバカ！　キッポのバカ！」と叫んだのを覚えています。

　母は飛んで来て、「そういうことを言うたらいけん！」と言って私のお尻をピシャッと叩くのですが、「そういうこと」がどういうことか、その時、私は分からないで悔しさを倍増させていました。

　「キッポ」は、広島弁で「ケロイド」のことですが、兄が泣きながら父にそれをいいつけると、父は「それくらいのことで、泣くな！　バカタレが……」と言って、兄を叱っていました。「バカタレ」は父の口癖

の一つでしたが、あの時は、きっと、兄に対してではなく親として子供を慰める術をもたない自分に対して言っていたのだと思えてなりません。その後、兄はこの「キッポ」を、学校でもからかわれるようになり、不登校気味に。父はこんなことを予感していたのかもしれません。

　母は中広町での 10 カ月足らずの疎開生活とその中で起きた被爆体験を、生涯にわたって私に話し続けてくれました。でも、他人には一切話すことはなく、身内であっても、父や段原の祖母（父の母）にさえ自分から話すことはありませんでした。

　私に話してくれたその内容は、一貫しており、何回聞いても、中広の祖母や十日市の伯母と話が食い違うことはありませんでした。

　現在、こうして、当時の家族の記憶を書き著すことができるのも、そのおかげだと思っています。

　しかし、私は成長するにつけ、10 カ月間の出来事のどんな話にも私のことが出てこないことに気が付きました。中広町の祖母も十日市の伯母もまるで申し合わせたように私のことは何も話題にしていないことが、不自然に思えたのです。中広の祖母にとっても、被爆した女児の孫は私一人。一番小さく、皆に可愛がられたはずです。私が聞いているのに私のことを話さない、その疑問が解けるようになったのは、思春期を迎え、自分の未来を夢に描き始めたころでした。

　私は、物心ついた時から、日常的に体がだるく、少し激しい運動をすると気分が悪くなったりしていましたが、人も同じだと思っていました。「友だちはしんどくてもちゃんとしているのに、私は怠け者かも」と自分を責めてばかり。しかし、それがいいのか、悪いのか、私は体の痛みや不調に対して、驚くほど「我慢強く」悪く言えば「痛みに鈍感」な大人へと成長していきました。

私は奇病？

　実は、兄がキッポでいじめを受けている頃、私の右の脇の下に一見すると、深い皺のような、溝状の傷痕と、両足首に1cm幅の足環のような濃い茶色のキッポがありました。家族は誰も私に「キッポ」とは言いませんでしたし、それに、可愛がってくれる段原の祖母に、「大きくなったら治るよ」と言われて、痛くもなかったので、あまり気にすることもなく、成長しました。

　しかし、思春期を迎え、鏡を見るたび傷の原因が知りたくなり、母に執拗に訊ねると、「そうだね。話しておかないと、いけんね」と言って話してくれました。

　脇の下の深い傷痕は、手術の執刀痕で、終戦後2カ月くらい経って、私の脇の下に瘤ができ、最初は小さかったものの次第に大きくなりやがて、私の顔くらいの大きさに。それは日本の昔話に出て来る「こぶとり爺さん」の瘤のようだったそうです。

　中広の祖母も伯母も初めて見る瘤を「奇病」かもしれないと思ったらしいのです。もし奇病なら、将来に差し障るから、誰にも知れない様に隠さなければと、母が中広町から遠い病院を探して私を連れて行ったといいます。

　しかし、終戦直後のことで、病院の設備が整っているわけもなく、麻酔もなく、ちゃんと手術ができたわけではありませんでしたが、ともあれ瘤を取り除くことだけはできました。私の体にメスが入った時、手術室から「ギヤーッ‼」と大声で泣く私の泣き声を聞いて、母は廊下で正気を失い、失神状態になったそうです。

　「こらえてや、ほんに可哀想な目に合わせて……」、手を握りポツリと。

　「でもね、病院には、あんたと同じような、瘤を持った子が他にも大

勢来ていたのよ……」。その一言が、現在も頭をよぎります。なぜなら、以前何かの本で読んだことがある一節が脳裏をよぎるからです。

「小さい時の被爆ほど体に悪影響を及ぼし、放射能は骨髄に取り付いて、人間の寿命より長い間放射能を出し続けて内臓を壊していく……」と。

天使の足輪

そして、もうひとつ。両足首のケロイドは、原爆が投下され、2歳の私が瓦礫で埋め尽くされた家の辺りを裸足で走り回るので、危ないと思ったのでしょう。誰かが靴下を履かせてくれ、その靴下のゴムが皮膚にくい込んだのが原因でした。

母が気づいた時には、両脚首が真っ白で血の気がなく、お医者さんの話では、「両足首の切断も視野に入れ、もし、奇跡的に治ったとしても、ゴムの跡がケロイドとして残り、生涯消えないでしょう」。

母は藁にもすがる思いで寺町のお寺や近くの神社に行き、御百度を踏みながら、神仏にすがったのだそうです。

「どうか、この子の足を切断することだけはこらえて（許して）ください。それ以外の罰なら、この母がすべて背負いますから……」と。

私はしみじみ親の有難さを胸に刻みながら、この足のキッポのことで父と会話した日のことを思い出しました。それは、私が比治山小学校に入学して、初めての運動会を迎える頃のことでした。

「どうして消えんのかね？　このキッポ、なかなか消えんねぇ、お父ちゃん」と、父の傍で呟きました。当時の運動会は裸足でしたから、何となく気にしていたのだと思います。すると父は突然、慌てた様子で私の前に正座しました。

「紀子、そのキッポは、消えたらいけん！　父ちゃんが困る。大事な

紀子が迷子になった時や、大勢の子供で見分けがつかん時もこのキッポで、直ぐに見分けがつくけぇ、のっ！」

　父は真剣でした。「運動会でも分る？」と尋ねると、父は足を自分の膝の上に乗せて言いました。

　「分かる、分るとも。どんなに大勢の中でも分かるぞ。これから先、どんなことがあっても、必ず、お父ちゃんが紀子を、探してやるからな、キッポはがまんしてくれえの」。

　あの時の父は、どうせ治らない傷跡だから、私が傷つかないように精一杯の嘘をついてくれたのでしょう。「紀子は天使。羽の代わりに足環をつけてもろおとる」という父の言葉に、幸せな気持になり、生涯にわたって勇気づけられてきました。

　こんなに優しい父なのに、当時は何故か母にはつらく当たっていました。

　「我が子の足がもげる（とれる）ほど、傷んでいるのに、気が付かない母親がおろうか！」

　母はその度に「ホンにすまないことをして」と、何ひとつ言い訳することもなく、ひたすら小さくなって頭を下げていました。

　考えてみれば、中広町で、兄の火傷と、私の足首の食い込みの治療は時期が重なっていたはずです。そんな日々を想像するだけで、この胸が締め付けられるのです。が、母は、老いて亡くなるまで、靴下のゴム紐をきつくしめたのは誰なのか、そのいきさつを教えてくれませんでした。

　たとえ誰であっても、悪気でやったわけではなかったはずだからと胸にしまっていたのでしょうか……。母ではないことだけは確かなのですが。本音を言えば中広の祖母や伯母のことを責められるのが嫌だったのでしょう。本来なら夫として「留守中に妻子が世話になった」と祖母や伯母をねぎらって欲しかったはずです。

　しかし、父は「姑をほったらかして実家に帰り、大事な子供たちを被爆させてしまった」と、母も、母を呼び寄せた中広の祖母も恨んでいたのです。本当は、中広町に行ったことを恨む理由はもっと根深いところにあったのですが……。

（2）家族なれば

父の出征と母の里帰り

　父は母と結婚する前までは、祖父母と、段原で一緒に暮らしていました。父は次男でしたが、長男が早くから結婚して3人の子供をもうけ、所帯を別に構えていたからでした。父は祖父母と暮らし弟（富男）と一緒に生計を支えていました。当時の弟はまだ若く、父の負担は大変だったようで、父が結婚した時は29歳になっていました。30歳になる前にと、暮れも押し迫った12月に母と結婚。とりあえず、近くに住んでいた伯母（父の姉）の隣家の離れを借り世帯を持ちました。

　祖父母は、自分たちの家は父に譲りたいと考えていたようです。今までどおり一緒に暮らすために戦争が終わったら、家に手を加えようと……。

　祖父は本気でそれを実現する気で、遺言を書いて父と3男が出征するのを見送りました。「必ず帰って来いよ。一緒に暮らすのだから」と。しかし、それを声に出しては言えませんでした。「生きて帰れ」と言おうものなら「非国民」とののしられ、戦争で死ぬことを家の誉れと讃えられ、親孝行とされていた時代だったのです。

　その決意にもかかわらず、祖父は息子たちが出征すると、体調を崩し、あっけなく亡くなってしまいました。そんな矢先に、母にとっては小姑の伯母に、中広の実家に行くように言われたのでした。

不信感との葛藤

　しかし、終戦になって復員した父にとっては、すべてが「寝耳に水」、祖父は亡くなり、家には長男（父の兄）の家族が来て本家を継ぎ、祖母と暮らしていたのですから……。おまけに妻は実家に帰って、子供ともども被爆したと聞き、呆然として言葉が出なかったそうです。父には余程の衝撃だったと見えて、94歳で亡くなるまで、この時の気持ちを吐露し続けていました。

　しかし、本家の伯父は、祖父の遺言のことを知りませんでしたから、祖父の亡き後は、長男である自分が本家を継がねばと思ったに違いありません。

　父にしてみれば、母に祖父母のことを、あれほど頼んでおいたのに、母が中広に行かないで、祖母と一緒にいてさえくれたら、遺言通りに仕事場ができ、祖母と一緒に暮らせたのにと、母の勝手が許せなかったといいます。

　今さら、祖父の遺言書を持ち出してみたところで、伯父は簡単には引き下がらないと思い、祖母のことを生涯、優しく面倒を見てくれるのであれば、何も言うまい」と、その時は遺言書のことは胸にしまったのでした。しかし、母を許せない理由はそればかりではありませんでした。

　父の夢は、祖父や祖母と暮らすために、家の一角を工場にして、弟の富男が戦地から帰ったら、一緒に木型の製作工場を持ちたいと思っていました。人に雇われていては収入に限界があるからです。そのためにお金を節約して貯えていたのだそうです。戦争中も、軍から支給される手当にも、手を付けず、外地から母に送り続けていました。しかし、その資金となる貯金も母に送った給料も、母は受け取っていませんでした。「預かってもいない、受け取ってもいない」と言い張る母に、父は自分

が確かに送ったのに、中広にいたのを理由に「知らない」を繰り返す母に対し、疑念を深めていきました。弟の富男が、未だに復員できずにいることも、苛立ちを煽っていたのかもしれません。

試される絆

　祖母は本家で暮らしていましたが、私たちが住んでいたのは、本家の隣に祖母の弟が建てた家で、弟が亡くなった後その妻、つまり私の父にとっては伯母にあたる女性から家を借りていました。本家の広い家と、借家の我が家は、階下の小さな中庭でつながっていましたので、祖母はいつでも行き来できていたようです。そのうち、我が家で大部分の時間を過ごすようになり、私がもの心ついた頃は、一緒に暮らしていました。

　当時の本家の伯父は公務員で給料は安く、食糧難の時代でしたから、伯父の子供たちは 3 人とも食べ盛りで、祖母は気兼ねだったのかもしれません。

　父は、控え目で人の嫌がることはしない、無欲な祖母を「仏さんのようなお母」と言って、大切に思っていましたから、本家にいたくない理由も余程のことがあるのだろうと察して、何も言わないで祖母を受け入れていました。

　しかし、反面では酔っ払う度に祖父が父宛てに書いた「遺言書」をとりだしては、眺め、口癖の「バカタレ、バカタレが……」と呟きながら、ため息をついていました。

　祖母は小さい体で、弟の子守りは大変だったと思いますが、本当に一生懸命でした。そのころ 2 階の我が家に上がる暗くて狭い階段を、弟をおぶって上ったり下りたりしている姿を、子供心に「おばあちゃんはスゴイ」と思って見ていたのを思い出します。私は子供でしたから、大人の思惑などは理解できませんでしたが、今思えば、祖母は弟の子守りを

引き受けることで、本家に距離を置いていたのではないかと思います。

白米の悲劇

その本当の理由が分ったのはずっと後のことで、原因の元は、段原の伯母（父の姉）にありました。伯母の名は「静子」、自分が祖母の面倒を見るからと、母に中広町に帰るよう勧めた張本人です。祖母は「静さん」と呼んでいました。

静さんは悪い人ではないのですが、お金に大様すぎて、財産家の家に嫁いだにもかかわらず生活は困窮していました。本人が栄華を貪ったのならまだしも、そのほとんどが夫の酒代と他人への施しに消え、無欲と言えば聞こえはいいのですが、夫婦ともに気が良いのか、いい加減なのか、その何ともしようのない性格で、親戚中の生活をかき回していました。祖母にとっては、そんな娘が不憫なのでしょう。

静さんは、祖母を喜ばせようと、本家を度々訪ね、抱えきれないほどおみやげを持参。祖母は、それが借金（つけ）で購入したことを見抜いており、帰り際にそっと、静さんのポケットにお札を入れていました。

その静さんは、本家の伯母が留守の時は、勝手に米櫃を開けて、米を持ち帰ることもあったようで、祖母はそのことに気が付かず、ある日、夕食の用意を手伝おうと、米櫃の蓋を開けると、米櫃の中に残量を示す印を見つけ、愕然としました。

「何のために印が？　嫁は私を疑っている？」

しかし、それは、静さんが祖母を訊ねて来る度に米櫃の米が減っていることに不審を抱いた本家の伯母が、証拠をつかむために付けた目印だったのです。

祖母は、自分が疑われていると屈辱を感じたのでしょうか？　それとも、ここにいたら静さんのせいで迷惑をかける、と思ったのでしょうか

……。

　いずれにしても、それは祖母が本家に距離を置いていた理由だったのです。

　食料難の時代に、白いお米は貴重で、静さんが、それを持ち帰って自分たちで食したとは考えにくく、他の誰かの所へ「実家でもらった」とか言って配ったに違いありません。しかし、その理由がどうであれ、その行為が周囲を（肉親でさえ）傷つけ、現在では考えられないほどの憎悪を生んだ時代でした。

（3）夢と現実の中で

富男叔父さんと見る夢

　昭和 23（1948）年の暮れになっても、富男叔父さんは、まだ帰ってきませんでした。父は忙しい時だけ、臨時の職人さんに来てもらい、普段は一人で仕事をしていました。

　工場の、機械も工具もすべて借金ではじめ、父は一生懸命でした。いつ、富男叔父さんが復員してきても、すぐに一緒に仕事ができるようにしておきたかったからです。兄弟で働くという夢は捨てていませんでした。

　しかし、人に頭を下げることが出来ない父は仕事をもらいに歩くことが苦手でした。集金や、材料の支払いなど金策の一切を母に任せて、自分は工場から一歩もでることなく黙々と仕事をしていました。母も弟のお乳が離れると家のことは祖母に頼み、父の仕事をもらいに歩いていました。父は数えきれないほどたくさんの種類の鑿や鉋などを並べた台の上に大きな図面を広げて何やら一心に木の型を作っていました。

駅前広場にて

　昭和 24（1949）年、シベリアからの復員が 6 カ月ぶりに再開されました。祖母は寝ても覚めても、富男おじさんの事が頭をもたげるらしく、父の仕事場を覗いては、ラジオの引揚者の情報をたずねていました。そのころはラジオでも「尋ね人の時間」という番組が組まれていて、大勢の人が、耳を立てて聴いていました。祖母は、叔父の安否が知りたい一念からでしょう。シベリアからの帰還者に会いたいと言い出しました。祖母は満州に徴用された叔父が復員しないのは、シベリアに抑留されているからだと人づてに聞いていたからでした。

　帰還者は、舞鶴港から鉄道で広島駅に着くという話を聞いて、父に、「広島駅に連れて行ってくださらんかの。もしかして富男のことを、ご存じのお方に会えるかもしれん。お願いですけえ、章ちゃん、たのみます、なっ、あきちゃん！」

　祖母は父の名を連呼。その必死の頼みに父も「分かりましたけ。行ってみましょう！」と承諾し、その数日経った夕方、仕事を終え、祖母と私を連れて広島駅に向かいました。

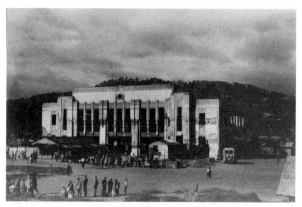

多くの人が集まる広島駅前広場（撮影／川本俊雄氏、提供／川本祥雄氏）

　広島駅は乗降客で大混雑。戦前の駅舎は日本で初めてのコンクリートで洋風のモダンな建物だったそうですが、原爆の被害に遭い、その姿は見る影もありませんでした。子供だった私の目には、学校の校舎のような広くて薄暗いイメージでした。

　改札口の横では、白い綿服を来た傷痍軍人さんがアコーデオンを弾いていて、前の広場は飲み屋のテントや、赤ちょうちんの屋台が沢山並んでいました。

　テントの回りには、浮浪者のような人や、酔っ払いがヨロヨロ歩き回って大きな声で歌を歌ったり叫んだりしていました。

　父は事前に知り合いから聞いておいた、シベリアからの帰還者がよく集まるという駅前の屋台を探していました。

　私は手や足を負傷している傷痍軍人さんや、浮浪者、そして酔っ払いなど、目に飛び込んで来る人々と、その異常な雰囲気が恐くて祖母の手をきつく握ってほとんど硬直状態でした。

　その日、どんな情報が入手できたのか、富男叔父さんの消息について私はよくわかりませんでしたが、祖母も父も深刻な顔をしていてあまり笑顔がなかったので、徒労に終わったのではないかと思います。しかし、祖母は諦める風もなく、その後、何度も私を広島駅に連れて行きました。

　その頃、私は比治山の麓にあるお寺が経営する「微妙幼稚園」に行っていましたが、送り迎えは祖母が引き受けてくれ、どこへ行くのも、いつでも一緒でした。

終戦と闇市

　県庁前の広場から段原商店街をまっすぐ北に的場町に向かって歩くと、突き当りが的場のロータリーです。電車やバスの乗降客の多くは県庁の職員さんでしたが、ロータリーを囲むように赤ちょうちんやパチン

コ店、ダンスホールもありました。ダンスホールの窓から零れるミラーボールの光はキラキラとロータリーを走り回っていました。

　この広場を右に向かって猿猴橋を渡ると、すぐ前の荒神市場が広島駅前広場へと繋がっていました。猿猴橋は、広島市の最東を流れる猿猴川にかかる橋で、夏には鶴見橋と並んで、泳ぎにやって来る子供たちでにぎわいました。

　昼の駅前広場は、夜と違って活気に満ちていて、多くの露店が、買い物客で賑わっていました。

　戦前この周辺にはいくつかの商店街があり、それらをまとめて「荒神市場」と呼称していたそうですが、原爆投下によって商店街は廃墟に。しかし、昭和21（1946）年の正月には、駅前広場に自然発生的に店が並びはじめ「闇市」が誕生。配給では足りない食料や、生活の必需品などを売ったり買ったりしていましたが、その価格は、標準・基準価格ではなく、闇の価格だったことから、「闇市」と呼称され、通常価格の10倍〜20培はザラだったそうです。広島駅前には1500人くらいいましたが、西部地域の天満、己斐、横川でも500人くらいのにわか商人、つまり闇商人が登場していたのだそうです。

　その中の一つ、天満地域で、十日市のお京伯母さんも、闇販売を始めようとしていました。その時の様子は、すでに紹介した通りです（72ページ参照）。私たち母子は、終戦の暮れに中広町の祖母の家を引き上げて段原町へ帰りましたが、お京伯母さん親子5人は、祖母の家の隣の空き地に住んで、伯父さんが復員するのを待っていました。闇市はその頃のことを綴ったものです。

原爆孤児と浮浪者

　その日も祖母と広島駅前広場に着くと私たちはとりあえず、駅の中央改札口の広い待合場所の椅子に腰を下ろしていました。どの改札口から誰が降りて来ても、見渡せるからです。祖母は心の底では、もう富男叔父さんは帰って来ないと分かっていたのではないかと思います。それでも、ここに来ずにはいられなかったのでしょう。

　当時は復員した人でも、外出する時には兵隊さんの服を着ている人が大勢いました。着るものは原爆で全部燃えてしまったからでしょうか、祖母は、軍服を着ている若い人が降りて来ると、立ち上がっていましたが、声をかけるでもなく見送るだけで、小さくため息をつきながら腰を下ろしていました。

　ときどき祖母が着物のたもとから、飴玉を取り出して私の口に入れてくれましたが、そんな時、どこからか浮浪児姿の少年がスーッとやって来て目の前に立っていました。

　祖母は「おうおう、坊にも上げるよ。お口をアーン」と、飴玉をいつものように、大きく口を開けた少年の口もとに。少年は、飴玉を口に入れてもらうと、またいつものように、サッといなくなりました。たいていは男の子で、女の子は一人で来ることはめったになく、兄らしい男の子にくっついて来てくることもありました。

　祖母たちの話では、終戦直後に闇市が始まった頃から、ここ駅前広場には、浮浪児が溢れていたそうです。そのほとんどは原爆孤児で、彼らは寝る所もなく、たばこの吸い殻を拾う「モク拾い」や、「靴磨き」などして、駅のベンチや市場の軒下などをねぐらに暮らしていたといいます。原爆投下後には、東雲町の比治山国民学校（後の比治山小学校）に、迷子収容所ができ、家や、親を失った子供たち200人収容したものの、

被爆が原因で亡くなる子も大勢いたそうです。

　終戦から 2 年目の昭和 22（1947）年末に、孤児院の施設（広島修道院、新生学園、光の園、似島学園）が設置されましたが、逃げ出す子や、中には犯罪に絡んで命を落とす子、住む場所もなく飢えで死ぬ子もいたといいます。

　いずれにしても、原爆は多くの、罪のない子供たちから家族を奪い、未来を奪ってしまったのです。

　私たちが駅を頻繁に訪れていた昭和 24（1949）年頃には靴磨きをしているのは、もっと大人に近い少年だったような記憶があります。私自身が小さかったので、そのように見えたのかもしれません。

　仕事に就けない大人の浮浪者は粗末な小屋に住み、屑拾いなどしている人もいました。また、当てもなくふらつき、物乞いで食い繋いでいる人もいて、私たちは "ルンペン" と呼んでいました。ルンペンは、広島駅広場周辺に多くいましたが、比治山の防空壕跡とか、沢のようなところでも暮らしていました。

ふかし芋とルンペン

　ルンペンといえば、どうしても忘れることのできない思い出があります。終戦後の食糧難が続いていた頃、十日市で八百屋をしている伯母が、わずかなサツマイモを持って来てくれました。八百屋とはいえ、無理をして分けてくれたものでした。

　嬉しくて、一つ違いの兄と「芋だ、お芋だ！」と大はしゃぎ。数日来お腹を空かせている子供を思って、母も嬉しそうでした。そしてふかした芋を縁側に出て、兄と食べようとしたときです。ボロを纏ったおじさんが目の前に立ち私たちの芋をジーっと見ていました。目尻は引きつり、

顔の半分はケロイドで覆われていました。

　その頃、広島には、あちこちで、体にケロイドのある人を見かけましたが、これほど怖い感じの人は初めてでした。身に纏ったボロボロの服のせいかもしれません。

　兄は慌てて逃げましたが、私は怖さで立ち上がれません。

　彼は両手を差し出し低い小声で「ちょうだい」と言いました。私がザルを差し出すと、ペコンと頭を下げ、首にかけていたボロ袋に芋を入れ、不自由な足をひきずりながら去っていきました。

　「のりちゃんがルンペンに芋をやってしもおたよ！」

　兄が大声で叫んで母を呼びました。母はザルが空になっているのを見て、悔しそうにザルを持ち上げ、「バカ！　バカ！」と言いながら私のお尻を連打。私はケロイドに覆われたおじさんの恐ろしさを拭えぬまま母に叩かれ、頭の中は大パニック、大声で泣き出しました。そこへ、様子を察した祖母がやって来て、母の前に立ちはだかると、ザルを取り上げ、

　「紀子を叱らんでつかあさい。芋を持って行ったルンペンにも、腹を空かせて待っとる子がおるのじゃろうから。なっ、キミちゃん、こらえてや、キミちゃん！」

　祖母は母の名を連呼していました。

　母は祖母の言葉にハッと、我に返った様子で、ヘナヘナと座り込むと、私を抱き寄せました。

　「ごめんね。もう1回、おばちゃんに言ってみるね。」

　母の心も知らず、私は無邪気に、

　「うん！　えっと(たくさん)ね。今度はお母ちゃんの分も、おばあちゃんの分も、えっと、えっともらって来てね！」

　母は何度も頷きながら涙を拭っていました。

死ぬことが親孝行？

　結局、富男叔父さんは、シベリアから帰って来ませんでした。何時の事だったのか日付は思い出せないのですが、母と本家の伯母さんが喪服の着物を着てどこからか帰って来ました。伯母さんは白い布で包んだ白木の箱を両手で抱え、その時、家の前に集まっていた人に頭を下げ何やら挨拶をしていました。

　家の中では祖母が一人でうずくまって泣いていましたが、夜になると、仏壇の前で白木の箱をさすりながら、「よう帰ったな。ご苦労でしたな」とそんな意味のことばを呟いていました。

　まるで、箱の中に誰かがいるようで、私は、幼稚園の絵本で見た「小人さん」を思い出し、誰にも見つからないよう、そっと開けてみました。が、小人さんはいませんでした。そのあと、祖母は箱を包んだ布の結び方の粗雑さ（？）で、私が開けたことを察したようでした。

　「のりちゃん、何か見えたかの？」

　祖母は叱るでもなく優しくたずねました。

　「何も見えん。小人さん、いつ逃げたんかね？」

　あくまでも小人の存在を意識する私に、祖母は、

　「逃げたりせんよ。目に見えんだけ、この中におるよ……」

　祖母は自分に言い聞かせていたのでしょうか。

　私が、その箱が遺骨箱で、富男叔父さんの死を意味したものであることを理解したのは、その数年後になりますが、その時は、ひたすら小人さんの行方が気になっていました。祖母はこの家の中にいると言い続けていましたが……。

　白木の箱が仏壇の前から消えてしばらくして、祖母が、富男叔父さんの肌着や着物の端切れを取り出して、小さな人形を作ってくれました。

当時はセルロイドで出来たキューピーを着せ替えるのが、流行っていましたが、私はキューピーを買ってもらえませんでしたから、祖母の手作りが嬉しく大切でした。

　祖母がいつも"富ちゃんの布切れ"というので、私は、いつとはなしに、この人形を"トミちゃん"と呼んでいました。祖母はそれが嬉しいらしく、いつの間にかトミちゃんの着せ替えを沢山縫っていました。そして、私と遊ぶふりをして、この人形を掌に包んで「ええ子じゃのう、ホンに可愛いの」と、さするのが常でした。

　以来、祖母は叔父さんが亡くなったことで、遺族としての恩給が頂けることになり、お寺に通うことが多くなりました。それまで、わずかな「お賽銭」「お布施」も、ままならなかったのでしょうから。行動範囲も少し広げ、あちこちのお寺に「法話」を聞きに通うようになりました。父は私に、祖母と必ず一緒に行くように命じていましたので、子供心にとても嬉しかったのを覚えています。

　お寺では、大勢のお年寄りに囲まれて法話を聞くのですが、その前後で、「恩徳讃」や、「お正信偈」の一部（南無阿弥陀仏を繰り返すところだけ）を、その意味は分からずとも幼稚園で習ったように、大きな声を張り上げて詠うと、みんなが「いい子、いい子」と褒めて下さるので、それはもういい気持ちでした。お茶とお菓子を頂いて，一つのお寺が終わると、「今度はいつ？　おばあちゃんおぼえとる？」と次のお寺の念を押すのが常でした。

　祖母は、孫と一緒にお寺参りと法話三昧、誰から見ても、幸せそうでした。「恩給」が入ると、私たちに飴玉を買ってくれたり、仏具を買ったりしてささやかながらも、平穏な日々を送っているように見えました。

　父は最初「お国のために死ぬなんて馬鹿だ、親不孝だ」と叔父さんの死を受け入れることができないでいましたが、祖母の姿を見て、「結局、

富男が一番、親孝行ということかの。死んで生涯（恩給で）親孝行しとるわけじゃ。わしらは、側におるのに何にもしてやれん。苦労ばかりさせて……」。

　父は、いつもお酒に酔うと、富男叔父さんを持ち出しては、自己嫌悪に陥っていました。私は何だか父が可哀想で仕方がありませんでした。

V. 貧困を生きる

昭和 23（1948）年〜

（1）借金取りと食糧難

父ちゃんの自殺願望

　しかし、父がどんなに頑張っても、生活は苦しく、母の着物や嫁入り道具もいつの間に食べものや、お金に換えてなくなり、その日暮らしの状態だったのを子供なりに感じていました。

　当時、父の仕事の材料は通帳で物を買っていましたが、月末や五十日（ごとうび）などお店の集金日には、次々に支払いの催促にお店の人が来るので、母が可哀想でした。私も兄も借金取りの人が来ると大急ぎで母に合図。すると母は慌てて入口の横にある狭くて暗い便所に隠れていました。私と兄は便所の前に仁王立ちして、集金のおじさんを睨みつけるのでした。

　何故か、お店の人たちは、借金をしている張本人の父が工場にいるのに、父には何も言わず、子供の私たちに「お母ちゃんはどこに？」と聞くのが常でした。

　で、私たちは、「集金に行った！」。すると、お店の人は、便所の扉に向かって「いつもいつも、集金に行くところがあってよろしゅうがんすのぉー」。

　大きな声を張り上げながら帰っていくのでした。借金取りのおじさん

たちは、母が隠れているのを知っていたのかもしれません。

　当時は程度の差こそあれ、どこの家庭も、困窮していたからでしょうか、ひもじさはありましたが、不思議に貧しいことが恥ずかしいと思ったことはありませんでした。しかし、父は私たち子供が恥ずかしい思いをしているのでは、不甲斐ない親に不安を抱いているのではないか、と思っているようでした。

　ある時、兄が誰に聞いて来たのか、夜逃げのことを父に訊ねていました。

　「お父ちゃん、借金が払えんようになったら夜逃げすることになる？」と。すると父は、「バカタレ！　そんなこと、するものか。どうしても借金が払えんようになったら、父ちゃんが分からんように死んでやる、心配するな！」

　父の「死んでやる！」の強烈なことばの一撃に兄も私も、びっくり！

　父は生命保険に加入して、規約（自殺者には保険が下りない）に触れないよう（自殺と）分からないように死ねば、死亡保険が出るので、それで、借金を払えば、すべてが上手くいくというのです。

　「首を吊る気なら裏の比治山もあるが、自殺がバレる。足を踏み外したようにするか。事故なら段原の線路（宇品線）に突っ込めば、アッという間に苦しまんでも死ねる。とにかく（自殺だと）分らんように死んでやるからな。安心して、父ちゃんにまかせとけ！」

　父は酔っていたのでしょうか、傍で話を聞いていた母は「バカなことばっかり！」と言って、あきれた顔をしていました。

　そうは言っても、子供の頃、段原は夜逃げも、比治山の自殺も多く、我が家の裏手には比治山に登る細い山道がありましたが、年中お回りさんが自殺者の発見の通報を受けて、走って登っていました。「自殺」という父の言葉は本当に現実味を帯びて感じられたのです。

　以来、兄と私は父が外出する度に「自殺しに行くかもしれない」と心配で帰宅するまで、落ち着きませんでした。

　しかし、いつまでたっても我が家の借金取りは足繁く、母の居留守も相変わらずで、止むことはありませんでした。そんなある日、私は恐る恐る母に訊ねました。

　「お母ちゃん、うちには、まだまだ借金がある？　父ちゃんは自殺する？」と。

　「大丈夫、大丈夫、なんぼ父ちゃんが自殺しとおても、うちには生命保険に入るお金がないけ、無理じゃね」と笑っていました。

　私は何だか、「お金がないから大丈夫」という母がとても頼もしく感じて、ホッとしていました。

残り物に福？　魚の行商

　食糧難の時代、海に恵まれた広島でも鮮魚を手に入れることは大変だったそうですが、段原は倒壊を免れたお屋敷が多かったために、色々な御用聞きや行商が来ていました。我が家も戦前のよしみで、なじみの魚の行商が毎日、魚を置いて行ってくれました。

　支払いは通帳買い。ただし、その魚行商が我が家に来るのは、全部の家を回った最後でした。残り物を置いていくためです。したがって父母が好みを注文することなどあり得ませんでした。魚行商も、売れ残りを処分するくらいなら、支払いは遅れても売っておこうと思っていたのかもしれません。

　残り物といってもその日に獲れた魚ですから、美味しさは抜群でした。いくら食糧難の時代でも、やはり高いものは売れにくいとあって、高級魚が残ってしまうことも度々でした。そんな時、魚行商のおじさんは、ちゃんと刺身用にさばいて皿に盛りつけて置いて行ってくれました。

　白米など食べたこともなく、大根と麦の混ざったご飯に魚だけの食卓でした。我が家は魚をきれいに食べるのは得意で、煮魚を食べた後の骨とエラは、すぐ捨てないで汁椀に移し、熱湯を注いで、即席汁にして頂きました。その後、透き通るくらいきれいになった魚の骨は、今度は、お隣の小山さんの家の犬の餌になります。

　骨を集めてボウルに移し、小山さんの家に持って行くのは私の役目でした。今考えると恥ずかしいくらい（猫もまたいで通るほど）魚の味も臭いもない程きれいに食べつくした骨を食べせられた犬も迷惑だったことでしょう。

　小山さんの広い裏庭の石段を上がって犬小屋の前に行くと、犬の鳴き声で、小山家の美しいお嬢様（私はお姉ちゃんと呼んでいました）が出てきて、いつものように、ニコニコしながら、魚の骨を犬のボウルに移し、「ありがとう！」と空になったボウルに庭になっているトマトを採って入れて下さいました。庭に何もない季節には珍しいクッキーなども、よく頂きました。

　お魚がない日には、小山さんの家に行けないので、訳も分からずダダをこねて母を困らせていました。

　この小山さんの美しいお姉ちゃんは、広島出身女優の月丘夢路・千秋姉妹とは従姉妹同士だとのこと。そのことを知ったのは、それから数年後のことです。

　『ひろしま』という映画の撮影のために広島に来られた月丘夢路さんが小山家に立ち寄られ、そのことが新聞に載ったからでした。

（2）食糧難──栄養が足りない

　終戦から3年経ったというのに、中心地の元安川の川床には遺骨が

残っていたそうですが、山手川や福島川にも、浅瀬で瓦礫に混じって骨をよく見かけたと中広町の祖母が言っていました。

この年、連合軍司令部は、外国米の輸入を決定しましたが、食糧難が安定してくるのは、昭和 25（1950）年に広島港に外国米の輸入船が入港した年の暮れを待たなければなりません。昭和 23（1948）年から 25年にかけて、栄養失調になりがちな子供たちのために食糧調達と工夫に奔走する両親と家族の姿を思い出します。

お母ちゃんのお乳

昭和 23（1948）年のお正月、私は 4 歳でしたが、暮れに生まれた弟の和美に皆の視線が集まっていて、食卓にどんなご馳走があったのか、記憶がありません。

弟の和美が母乳を飲まないので、母は、お乳が張ると言って辛そうでした。父が「お母ちゃんのお乳だから」とお椀に一杯のお乳を私に飲ませようとするのですが、「美味しくない」と言って飲まなかったのを覚えています。

当時は栄養不足の中で、母のお乳は貴重だったはず。兄も私もどうしても母のお乳が飲めず、母が悲しそうだったのが頭から離れません。嫌いなものがもうひとつ。ヨモギだんごの " すいとん " を、祖母が美味しい美味しいと言って食べていましたが、兄も私もヨモギの臭いは苦手でした。

でも、初秋、蓮の花が実をつけると、みんなで近くの蓮池に行って取って食べていました。食糧難の時代に、私たち家族が大騒動した、忘れられない「幻のメニュー」があります。それは……。

イナゴの佃煮

　魚行商のおじさんが病気がちで、売り歩
く量も僅かとなり、残り物がなくなると本
当に困りました。特にタンパク質が取れないからです。日曜日になると、
兄と父は魚を釣りに猿猴川の大洲橋の辺り、母はシジミを獲りによく京
橋川の鶴見橋辺りに行っていました。猿猴川も、京橋川も神田川から分
かれた川で、その神田川は、太田川を源流としていました。

　それでも、家族の毎日の食べ物は、追いつく訳もなく、いつも空腹感
が漂っていました。ある時、父の知り合いが手作りの「イナゴの佃煮」
を持ってきて下さいました。父は「海老の殻付き佃煮のような感じで美
味しい」と言って一人で食べていましたが、急に「やっぱり、イナゴは
栄養があるから、みんなも食べたほうがいい、さあ、イナゴ捕りに行こ
う」と言い出し、その日のうちに兄を連れて、川の土手や畑に行って、
イナゴを沢山捕って来ました。

　父は仕事場にあるストーブの上にフライパンを置き、回りに家族を集
め、それぞれの役目を言いわたしました。兄は捕って来たイナゴを逃が
さないよう鍋の中に入れる。祖母はストーブの火を絶やさないように。
私は、鍋の蓋を（イナゴが飛び出さないように）ちゃんと押さえること、
母はそのあとで上手に味をつけること。父はイナゴを焦がさないように
炒める役目ということでしたが……。

　父の話がまだ、終わらないうちから、兄が突然、イナゴの入った大き
な布袋を逆さまにして鍋の上に広げたかと思うと、袋の底をポンポンと
叩きました。途端にイナゴが飛び出して来て鍋の上でジャンプ。

　鍋に落ちたまま気を失ったイナゴは数えるほど、多くは仕事部屋の中
をピョンピョン飛び回り、大混乱となりました。みんなイナゴが飛び跳

ねることは想定外で、生きていることを忘れていました。

　カンナ屑と木屑の溜まっている仕事部屋ですから、みんな木屑の粉で体中を粉だらけにしてイナゴと大格闘。

　どこからか父の「紀子！　フタを閉めて」が聞こえ、私は数匹しか入っていないであろう鍋の蓋をして、両手で力いっぱい押さえていました。

　祖母は「ナマンダブ、ナマンダブ」と呟きながら、目を閉じてストーブに木屑を入れる手を止めてしまいました。鍋の中でイナゴが飛び跳ねている音が聞こえていたからでしょうか。

　母はと言えば、お隣に醤油を借りに行って、騒ぎが収まったころ帰って来て「もう、出来たん？」みんなの木屑だらけの顔を見て首を傾げていました。

　ともあれ出来上がった「イナゴ炒め」はわずかばかりでしたが、最初の一匹を父が食べ、「そら、食べてごらん」と皆に奨めましたが、誰も食べませんでした。

　ちなみに、後で知ったのですが、イナゴの正しい料理の仕方は、まず羽を取り、熱湯に入れて足を取り除くのだそうです。それを全部省略していたのですから、美味しい訳がありませんでした。

　それから数日間は父の仕事場はイナゴの巣箱のようでしたが、いつの間にか一匹もいなくなっていました。

スズメの串刺し

　父は知人に誘われて的場のロータリー脇にあった赤ちょうちんに行き、スズメの串刺しをご馳走になり美味し

さに大感動。その折、2〜3本お土産にもらって帰りましたが、それを見た兄が、「僕がスズメを捕って来て上げる」と、父を喜ばせようと、

110

　毎日のようにアミを仕掛け、鳥もちを使うなどしてスズメをおびき寄せていましたが、一向に捕まえることが出来ませんでした。そのうち、比治山の近くの神社で遊んでいる時、巣から落ちたヒナのスズメを拾って持ち帰ってきました。

　父は「焼き鳥にするには小さすぎる」と言って笑っていましたが、兄は「そしたら、僕が大きゅうしてやる」と、ヒナを飼い始めました。スズメのヒナは育てるのが難しいと皆に言われても、兄は頑張り上手に育てていました。

　そのうち、父に食べさせるという初心はどこに行ったのか？　すっかり子スズメのお母さんになっていました。兄は優しい性格でしたが、足にあるケロイドのせいで、引っ込み思案なところがありました。でも、スズメとは、すぐに心を通わせ、家の中に放し飼いにして可愛がっていました。

　ところがある日、スズメが兄の足元に来てじゃれていているのを、兄は気付かずに踏んづけてしまいました。あっという間の圧迫死。「どうせ、焼き鳥にするつもりだったのだから、メソメソするな」と父に言われて悔しそうにしていましたが、父に見つからないように、スズメの死骸をポケットに入れて比治山に行き、小さな墓をつくって埋めていました。

　以来、スズメの話はしなくなり、今度は踏んづける心配のない鳩を飼うようになりました。数年後、沢山の鳩を増やして、そのうち自慢の鳩を８月６日の広島平和式典に参加させるようになり、生き生きとして父を喜ばせていました。

天国に行く料理
　比治山にお花見に行ったときに買ってもらった私のヒヨコが、いつの間にか大きくなって、本家の伯

父が「朝の鳴き声がうるさいので、食べてしまえ」と言い出しました。食糧難の当時としては飼っている鶏を食べるのは当たり前のことではあったのですが……。父は、よくよく考えたのでしょうが、

「オスだから卵も産まないし、このまま飼っていても無駄だから、鶏が天国にいくように、みんなで食べようか」と私に了解を求めて来ました。

「食べたら、天国にいく？」私はびっくり。

「そう。美味しい、美味しいと言って食べたら行くぞ。このままじゃったらこいつは誰も喜ばすことができんから、天国に行かれんかもしれん。可哀想じゃのお。」

「ふーん」私は本気で悩んでしまいました。祖母が、

「お浄土で阿弥陀さんが、待っておいでる。心配ないよ。鶏に"ありがとう"と言ってやると喜ぶよ」。

何だかよくわかりませんでしたが、いつもの"阿弥陀さん"という言葉に、良いことに向かう気がして、父に向かって「天国に行かせようよ！」と言ってしまいました。

父も今度ばかりは自分で絞める自信がなく、料理が得意の知り合いのおじさんに頼むことにしました。久しぶりのご馳走ですから、そのおじさんと本家の伯父さんも呼んでご馳走することになりました。

鶏を焼いたり、蒸したり、スープもとって、料理がいっぱい並びました。ところが、いつの間にか、知り合いのおじさんと本家の伯父さんが、今回上手に鶏が捌（さば）けたことを、自慢しはじめました。首を絞め、羽根の抜き方を説明するために、バケツに捨ててあった鶏冠の付いた頭や、黄色い足を持ち出して、リアルに説明しはじめたのです。

初めのうちは「食べよう、食べよう！」と言っていた父は、箸を置いて、俯（うつむ）いてしまい、私は何だか怖くなって目の前の料理をそっと押しの

けていました。

　「美味しいと思って食べるように」と言っていた祖母も、そして母も、誰も手をつけません。兄はいつの間にかいなくなっていました。焼酎を飲みすぎた本家のおじさんだけが、「極楽、極楽」と言っていい気持ちで眠り込んでいました。

　それからしばらくの間、私はあの時「美味しい」と言ってやらなかった鶏は、私のせいで天国にいけなかったらどうしようかと、心配で仕方ありませんでした。

　それにしても、残った料理はどうしたのでしょう？　どうしても思い出せません。

（3）木屑拾い──兵器廠と被服支廠にて

　仕事に使うのに、通帳では売ってくれない店もありました。燃料屋さんです。父は釘を使わず、木を張り合わせる時に膠を使用。そのために常に火にかけておく必要がありました。

左：広島陸軍被服支廠（昭和 20 年 11 月 9 日、撮影／米国戦略爆撃調査団、所蔵／米国国立公文書館、提供／広島平和記念資料館）
右：8 月末頃の段原地区の救護所（撮影／陸軍船舶司令部写真班、提供／広島原爆被災撮影者の会）

　父の仕事場には、部屋の中央に鉄製のどっしりしたストーブがあり、膠の鍋はその上に置いてありました。しかし、ストーブに使う、石炭も薪も買えないので、祖母と毎日、夕方近くなると、兵器廠（広島陸軍兵器補給廠）跡や、出汐倉庫（広島陸軍被服支廠）跡に、木屑を拾いに行くのが日課となっていました。

　兵器廠も被服支廠も、原爆の投下時には比治山の陰にあったので、建物自体は軽微で済み、そのために救護所として利用されましたが、近隣に動員されていた学徒など多くの被害者が殺到。このため、双方の施設では多くの人が亡くなりました。

　兵器廠は翌年の昭和21（1946）年の6月頃から広島県庁の仮庁舎として利用されることになり、広い敷地は庁舎としての付帯整備のほか、公務員宿舎や、民間の住宅などが建設されていました。同じく、被服支廠の敷地も、大学施設、大蔵省中国財務局庁舎、公務員宿舎などに転用され、どんどん住宅が建ち始め、大勢の大工さんが出入りして建設ラッシュは数年間続いていましたそこで出される木屑も半端ではありませんでしたから、近隣の人たちは、大工さんの仕事が終わる頃を見計らって、木屑を拾いに行っていました。私たちが行くのは、家から少しでも近い兵器廠跡に決めていました。

　私や兄は、ストーブに入れやすい小さな木のかけらを拾い集めていましたが、祖母は出来るだけ大きい木屑を拾っていました。父の仕事に少しでも役にたちたかったのでしょう。当時、父の仕事は、材木の仕入れに一番コストが、かかっていました。

　「お父さんが仕事に使えるかもしれないからね」
と、大きめの木屑を見つけると「良かった、良かった」と言いながら、大切そうに大きな袋に入れて担いでいました。この木屑拾いは昭和23年頃まで続けていました。

（4）一瞬の流行
── タップダンス

4歳になったばかりの夏（昭和22年）
町内会の演芸大会にて

　終戦から2～3年経った夏。近所のお稲荷さん（杉姫神社）での演芸大会に最年少で出演し、その折、パンツの上に短いワンピースを着てタップダンスを踊りました。隣家の娘さんがタップダンスを習い始め、私に教えてくれたのがきっかけでした。当時、段原商店街にある広島女子商業学園の前を、宇品線の南段原の駅に向かって行くと、右手に銭湯があり、その少し先にタップダンスの教室兼ダンスホールがありました。家族で銭湯に行く度に、私はタップダンスの教室を格子戸から覗いて見ていました。時々、おじさんたちが手招きして中に入れてくれて、子供用の金具のついた小さな靴を履かせてくれました。

　演芸大会にも、ここでタップを踊っていた人たちが出演して蓄音機から流れるレコードの音楽に合わせて踊っていました。当時は私の踊れる音楽がなかったので、母が、舞台の柱の陰に隠れて童謡『みかんの花咲く丘』を歌ってくれ、それに合わせて踊りました。広い境内が黒山の人だかりだった記憶はあるのですが、あの時、どんなステップを踏んだのでしょうか。今考えても想像がつきません。そして、初めて着たパンツとお揃いの短いワンピースはどうしたのでしょうか……。

　その後、成人式を迎える頃に、母がセピア色の写真を見せてくれました。大きなリボンを付けて、初めてのワンピースを着て私がタップダンスを踊っている一枚です。母はあの時、大変な剣幕で父に叱られたのだ

そうです。

　「紀子を見世物にするな！　キッポをかばってやらんか！」

　当時、私の足首のケロイドはくっきりと褐色に浮き出ていましたので、父はそれを気にしてくれていたのでした。タップは足に人の目が集中することに加え、アメリカから来たダンスをわざわざ被爆した子に踊らせるというのも、気に入らない理由のようでした。以来、私はずーと足首の見えないズボンをはくようになりました。でも、一時的とはいえ、その頃にタップダンスは本当に流行っていたのです。そして私はどんなに叱られてもタップダンスが大好きだったのです。

　父に叱られた母は足の隠れる日本舞踊にしとけばよかったと猛反省。その後、流川にあったキリスト教会で、子供たちの演芸大会のような雰囲気の中で、『京人形の夢』という童謡のレコードに合わせて踊ったのを覚えています。母が振付のパンフレットのようなものを見ながら教えてくれた記憶はあるのですが、なぜ、そこで踊ったのか、どういうご縁で教会の舞台に立ったのか、どうしても思い出せません。

（5）段原通りにて

　段原通り商店街（通称：段原通り）は、比治山の麓を県庁前から的場町まで続く通りで、地元の商店が連なる段原のメインストリートでした。朝夕は県庁の職員さんの通勤ラッシュ、夕方は主婦の買い物ラッシュと重なって賑わいを見せていました。

　商店街の中ほどには「段原市場」がありましたが、私たちは市場に行く時は混雑を避けて裏道を通って行くのが常でした。母が買い物に行く時、たいていは私を伴ってくれるのですが、祖母がいない時は弟の子守りのため、私は母について行くことができませんでした。

昭和24（1949）年の夏の頃。私が6歳、弟が2歳の夏のことです。その日は祖母と母が市場に行くことになり、私が弟と留守番を。ところが、弟は工場を覗き、父がいないことに気付き「とーたん、とーたん」と父を探し始めました。私は弟が表に出て迎えると父が喜ぶと思い「父ちゃんを迎えに行こう！」と外に連れ出そうとしました。すると、弟は自分の小さな下駄を両手に持って表に飛び出すと、裸足のまま一目散に段原通りに向かって転びそうになりながら走り始めました。

我が家は段原通りから40〜50m比治山よりに入った所にありましたが、駄菓子屋さんも、オモチャ屋さんも、アイスキャンディーを売っている氷屋さんも、我が家から段原通りに出たすぐの所にありましたから、弟は通りで待っていればいつものように、父に何かを買ってもらえると思ったのでしょう。

通りに出た弟はしばらくの間、私の手を握って通りを行き交う人を見ていましたが、なかなか帰って来ない父のことを待ちきれなくなったのか、ぐずりはじめ、とうとう泣き出してしまいました。

「父ちゃんは、裏道かもしれない、帰ろう！」と言いましたが、弟は頑としてそこを動きませんでした。そのうち道路の真ん中で大の字に寝そべって手足をバタバタさせながら大声で「とーたん」と叫び始めました。短いパンツ一枚に幼児用の胸当てだけの弟の姿は、雷の赤ちゃんが大暴れして絶叫しているようでした。最初はその姿が可愛いので、みんな笑って避けて通っていましたが、そのうち人だかりができ、車が渋滞しはじめました。当時は狭い段原通りを小型のトラックや荷車、自転車など往来していました。弟の腕を引っ張って連れて帰ろうとするのですが、弟は暴れて大泣きする始末。私はどうしていいか分からず、一緒になって泣き出してしまいました。

そのうち誰かが、私に「泣いていないで、早く家の人を呼んでおいで！」

と優しく背中を叩くので、振り向くと、いつも父が居留守を使う借金取りのおじさんでした。いつも、居留守を使っているけど今日は本当にいないのに、なぜか「家には誰もいない」と言えなくて、私は「はい」と言って歩き始めたのですが、振り向くと、弟の廻りで「どこの子？」と騒がしくなっているのが分かりました。家には誰もいないのだから、やっぱり、私が弟を連れて帰らなければと思い、すぐに戻ってみると、お巡りさんが弟を抱き上げていました。

　車も動き出していましたが、何だか大事件が起きたみたいな雰囲気。私はお巡りさんが恐くて、完全にパニックに陥ってしまいました。

　その時、丁度通りかかった本家の伯母さんがお巡りさんに抱かれている弟を見て「和美ちゃん、どうしてここに？」とお巡りさんに訊ねていました。

　私はお巡りさんも借金取りのおじさんも、恐くて弟のそばにいけませんでした。

　でも、弟は伯母さんに目の前の駄菓子屋さんで、お菓子を買ってもらい、伯母さんに抱かれて嬉しそうに家に帰って行きました。

　私は見つかると叱られそうな気がして、離れて見ていると、借金取りのおじさんが、「これ、坊のでしょ」と、弟の下駄を拾ってくれました。そして「よかったなあ！」と頭を撫でてくれました。いつも居留守を使って困らせているのに、おじさんは優しい人でした。

　家にはすでに両親が裏道を通って帰っていました。2階に上がると弟が駄菓子を手にして、大の字になって寝ていたので、私も弟の真似して大の字になっていたら、いつの間にか眠ってしまいました。

　その夜、両親は、本家の伯母の話から、弟が家を抜け出し、段原通りで派出所の人が出動するほどの、大渋滞を引き起こしたと、祖母に説明をしていました。

　だけど、私は、ずーと、大変な思いをして弟のそばにいたのに、私には誰も、何も聞いてはくれませんでした。

　そして、段原通りは、相変わらずの人通りで、何かある度にお巡りさんが駆けつけていました。

4歳になった弟と8歳の頃の私と母。
宇品の海水浴場にて

VI. 復興の兆しの中で

（1）広島カープの門出

　昭和 25（1950）年の新年には、前年誕生した広島カープのチーム結成式が西練兵場跡に設けられた市民球場で開かれました。父は、球場には行けませんでしたが、近所の人たちが父の仕事場に集まって、祝杯をあげていました。この日、球場ではチームの門出を 2 万人の市民がお祝いしたのだそうです。父は野球が好きという訳ではありませんでしたが、カープの選手の中に「岩本 章」という父と同姓同名の人気選手がいて、父はこの選手に親近感を覚えているという、それだけの理由で、その日は親戚気分で祝杯をあげていました。岩本選手は昭和 28（1953）年まで在籍。その後どうされたのか、父は、カープの活躍を見る度に、当時を思い出しては懐かしがっていました。当時、広島市民が廃墟からの脱出と復興を広島カープに託し精神的な拠り所にしたように、父もカープの門出と岩本選手を自分と重ね合わせ、生きる希望に繋いでいたに違いありません。親近感を持ったもう一つの理由は広島カープの選手たちの合宿所が、比治山の麓にある旅館だったことでした。我が家からも近く、選手たちが合宿している時はいつも玄関前が黒山の人だかりだったのを、子供心に何事なのかと不思議な気がしていたのを思い出します。

120

（2）下駄とモンペを脱ぎ捨てて

　原爆投下による混乱も落ち着きを見せ始めた、5年後の昭和25（1950）年。新年には初めて可愛い振袖を着せてもらい、頭には鈴の付いた大きなリボンをつけてもらいました。母は戦時中に生まれた私に、お宮参りも出来ず、ひな人形も飾ってやれず、申し訳なかったといつも言っていましたから、この時が初めてのお祝いだったのかもしれません。

　私は本当に嬉しかったのに、恥ずかしくて恥ずかしくて、顔を上げることができず、下を向いて母を困らせていました。いつもはモンペに赤い鼻緒の下駄を履いていたので、きれいな錦織の草履をドキドキしながら履きました。

　比治山神社に初詣をしたと母は言っていましたが、よく覚えていません。鮮明に記憶しているのは、着物を着せるのに母が悪戦苦闘している姿と、その母の傍で、祖母や隣のおばさんたちが母を手伝って「ああでもない、こうでもない」と大そう舞い上がっていた情景です。

　たった一人の小さな子供のために隣近所の大人たちが自分たちの家族のように集まって世話を焼く姿は、町内の伝統のように、私が成人して広島を離れるまで続いていました。段原は焼け残ったので、移住者もなく昔ながらの付き合いが残っていました。3月には幼稚園の年長組を卒園。4月から比治山小学校に入学しました。

（3）行き交う人々── 宇品線

　私は比治山小学校に入学すると、ほとんど毎日、兵器廠跡の中を通って通学。広くて薄暗い建物の並ぶエリアで、かくれんぼや、鬼ごっこをしながら下校していました。高い大きな塀に囲まれた広大な敷地でした

ので、皆、県庁とは言わず、兵器廠と言っていました。

　県庁職員の通勤は、宇品港から広島駅を結ぶ鉄道、宇品線の「上大河駅」が最寄り駅でした。上大河駅前のロータリーは、バス停の「県庁前」終点で、ロータリーを囲むように、本屋さんや喫茶店が立ち並び、夏の盆踊りもこの駅前ロータリーで行われていました。

　宇品線を利用しないで広島駅まで歩く人も多く、夕暮れの「段原商店街」は、仕事帰りを当てにした一杯飲み屋で賑わっていました。

　また、被服支廠に近い、広島電鉄（宇品線・皆実線）を利用する人も多く、この電車通りに通ずる現「皆実町仲通り商店街」を当時は「被服支廠通り」と呼んでいました。

　後に県庁仮庁舎が都心に移転（昭和31〔1956〕年）となり、同時に私も比治山小学校を卒業し、兵器廠跡を飛び回ることもなくなりました。

　私は、段原通りの中ほどにある、中高一貫の「広島女子商業学園」に入学。

　被爆当時の学校の最寄り駅は、「上大河駅」の一つ手前の「南段原駅」でした。原爆投下の折には、この「南段原駅」〜「宇品駅」の間で、被害者の輸送が行われていたそうです。兵器廠や被服支廠に動員されていた大勢の若い被爆者が運ばれたことでしょう。

1日3往復の宇品線列車。一般乗客は乗れず、定期券を持った通勤通学者だけ。1968年9月5日夕方、上大河駅（提供／中国新聞社）

県庁仮庁舎の移転後は、その跡地に広島大学病院が移転して来て被爆者の治療にも当たっていました。後年、母も兄もこの「大学病院」で治療を受けていました。

（4）真っ白になってシラミ退治 ―― DDTと感染症対策

比治山小学校に入学してしばらくすると、クラスごとに全員校庭に整列させられました。しばらくすると、白い衣を着た人が来て、一人ずつ順番に頭から背中の中までポンプを突っ込んで白い液を吹きつけられました。みるみるみんな真っ白に。まるでメリケン粉をまぶしたようで、可笑しくて皆でゲラゲラ笑って、ふざけ合っていたら、先生が恐い顔をして、今日は、真っすぐ家に帰りなさいと言われました。

家に帰ると、みんなが良かった、良かったといって喜び、祖母などは「私の体にも散布して欲しい」と言っていました。

当時は、ノミもシラミも退治するのが大変で、祖母にはシラミは血を吸って赤くなっているから捕まえやすいが、ノミはすばしっこく、よく飛ぶので捕まえられないのだとこぼしていました。

時々、風呂に入る時など、私が着物の折り目の隅などにノミを見つけると、その時の祖母は嬉しそうでした。

祖母のように年中着物を着ている人は、痒いからといってすぐ脱ぐわけにもいかず、可哀想でした。当時、父の工場に出入りする人たちは忙しそうに、いつも体をボリボリ掻きながら話をしていたのを思い出します。

私が学校で吹きつけられた白い液はDDT（ジクロロジフェニルトリクロロエタン）という薬品で、不衛生な衣服や頭髪に付く、シラミやダニが媒介する発疹チフスを防ぐためのもの。アメリカの進駐軍によって日本全国に散布されているのだと、後から教えてもらいました。

　当時は不衛生でしたから、大抵の人がシラミやダニに悩まされていました。この DDT は、安くて効きめも早かったのですが、人の内分泌に作用し、性ホルモンの分泌に異常を生じるとして、日本では昭和 46（1971）年以降、全面的に使用が禁止されました。

（5）初めてのエチケット

衛生マナー

　私が小学校に入学し 2 年生の終わり頃には、1 週間に 1 度くらいの割合で、子供たちがハンカチと鼻紙を持参しているかどうか、そして爪が伸びていないか衛生の指導と点検が行われていました。

　当時はほとんどの子が、青洟（あおみを帯びた鼻汁）を出していましたので、鼻紙は必要でした。とはいっても、当時は現代のようなちり紙があるわけではありませんでしたから、子供たちは洋服の袖で拭いてしまい、袖口辺りがテカテカ光っている子供が多くいました。私もよく青洟を出していましたが、私の青洟を見つけると、祖母や母が追いかけて来て、新聞紙で鼻をかんでくれていました。彼女たちは新聞紙を小さく切っていつもエプロンに入れていて、それをクシャクシャに柔らかくもみ、ちり紙のように使っていました。

　しかし、私たち子供には、手を拭くとか鼻をかむといった意識はなく、家を出たら帰るまで、鼻紙やハンカチを使うことがありませんでした。しかし、使用することと、持参していることは、別の問題で、先生に叱られない様に、あの手この手で、点検を乗り切る工夫に奔走していました。

　点検の時間になると、生徒は机の上にハンカチと鼻紙を置き、両手の手の甲を上にして指を広げ机の上におきます。爪が伸びていないか見る

124

ためです。

　担任の先生が生徒の机の間を歩きながら、手にした出席簿に子供たちの点数を記入していました。

　先生の点検があることが分かると、みんなカバンの中をゴソゴソ探して、机の上に置き、爪の長い子は爪の先を噛んだりしていましたが、自分で噛んだギザギザの爪は先生も分かっていたに違いありません。

　私はいつも、祖母がカバンに新聞紙を小さく折って入れてくれていたので、点検の日は、それを大急ぎで小さく破って机の上に置いていました。ハンカチも手を拭くためではなく、宝物感覚でいつもカバンに入れていた布切れを出していました。それは十日市の伯母がくれた花模様の印刷された小さな白い布切れですが、一度も使うことなく、点検の時だけ新聞紙と並べて机の上に置くのが常でした。先生はいつも「はい、いいですよ」と言われるので、マナーの意味も分からず、ハンカチを何のために持ってくるのかあまり深く考えたこともありませんでした。学校給食が始まってから、食事の前に手を洗うようになりましたが、当時、子供たちは、日常的に洋服の汚れを防ぐために胸当て風のエプロンをしていましたので、そのエプロンに濡れた手をこすりつけて拭いたつもりに。

　家庭の便所には現在のようなトイレットペーパーなどはなく、たいていの家で新聞紙を小さく切って使用していました。入り口には手水鉢があり、その中に入っている水を柄杓でとり、手洗いを。その横には必ず手拭（日本タオル）が掛けてありました。

知識と実用の「新聞」紙

　国民が、やっと心のゆとりを取り戻しかけていた、昭和26（1951）年、戦争で統制されていた新聞用紙の配給が解かれ、新聞の朝夕刊セット制

度が再開されました。

　当時は広島市民のほとんどと言っていいほど、新聞と言えば中国新聞を購読していて、私もかなり大きくなるまで、全国紙を読んだことがありませんでした。

　広島カープの活躍と共に、地域復興の活力は、この新聞からもらっていたといっても過言ではありませんでした。

　中国新聞は地域コミュニケーションの覇者としての媒体ですが、子供の頃の新聞のイメージは、お父さんの読むもので、色々に役立つ大きな紙のイメージでした。当時は、なんでも新聞紙に包んで、風呂敷以上の役目を持っていました。八百屋さんにお野菜を包んでもらい、弁当箱を包むのも、おやつをくるんでもらうのも新聞紙。欠かせないのが大掃除の時で、畳の下に必ず敷いていました。防虫と除湿効果があるからです。何よりも当時は多くの家庭で、鼻紙やトイレットペーパーの役割を果たしていました。今では考えられないくらい、新聞紙は、多様性を持った働きものでした。

（6）幻の家出

　優しい父なのに、どうして母とはケンカばかりしていたのでしょうか。酒に酔うといつも母を怒鳴りつけていました。人には冗談ばかりいう愉快人なのに。

　原因は母が兄と私を被爆させたことや、お金の管理がちゃんとできなかったことでしょうか……。母は最初のうちは、ただひたすら謝っていましたが、そのうち何を言われても、黙って相手にしなくなりました。

　夫婦喧嘩が始まるのは、たいてい夕食後です。それも、祖母がいない時に限って父がお酒に酔うからでした。祖母の前では遠慮していたのか、

酒のせいにしなければ、母を怒鳴れなかったのでしょうか。

　ある時、夕食の支度をしながら母が水屋の前で泣いていました。よく見ると、足元に風呂敷包みが……。

　「お母ちゃん、どこかに行くん？」

　私がたずねると、

　「うん。ちょっと遠いとこ……、用事で……」

と、ボソボソ何やら言いたげでしたが、私は咄嗟に母の大きな割烹着の中に潜り込み母に抱き付いていました。何だか普段の母とは違って、どこかへ行ってしまう、置いて行かれると思ったのです。母は、割烹着をはぐり、私のクチャクチャになった髪の毛を優しくなでながら言いました。

　「連れて行ってあげるよ。でも、帰って来られんかもしれんよ、学校も行けんようになるよ、それでも、ええ？」

　「行けんでもいいよ！」

　担任の丸山先生は好きだけど、私はクラスの男の子は大嫌い。だから、学校なんか行かなくてもいいのです。男の子は、足の遅い私ばかりを標的にして待ち伏せたり、追いかけたりしていました。私は早く走るとすぐにドキドキして、気持ちが悪くなっていました。だから本当は学校に行きたくないのです。でも、私が怠けると、母が父に叱られるから。母はそれを知らなかったのでしょうか。母は私を引き寄せると耳元で言いました。「誰にも分からないように、そっと出て行くけえ。みんなが寝たら階段の下で待っとるのよ。分かったね。」

　「分かった、寝たふりするね。」

　私は、いつものように母と二人だけのヒミツに俄然、張り切り、夜になって洋服を着たまま狸寝入りしていましたが、ふと、人形のトミちゃんも連れていこうと思い、布団から抜け出して階下に下りて行きました。トミちゃんをよそ行きに着せ替えてそれから、階段に腰かけていたのは

覚えているのですが……。

　気が付くと、寝間着に着替えて布団の中にいました。昨夜、階段で人形を抱いたまま眠っていたのを、手洗いの途中、祖母が見つけ、皆で運んで寝かせてくれたようです。

　母は何もなかったような顔をして、朝ごはんの支度をしていました。「早くしないと学校に遅れるよ！」と。

　やっぱり母は、私が学校嫌いなのを知らなかったのだ、だから学校を休ませたくないから遠くに行くのを止めたのだ、と、勝手に思い込んでいました。

　それから10年近く経って、母にその時のことを話すと、母は覚えていました。

　「知っとったよ。走れんでもええと思ってたんよ。じゃけえ、タップでも、舞踊でも自信の持てるものを見つけてあげたかった。でも、あの時は家出じゃなくて自殺したいと思っていた、出来なかったけど……。」

　母が自殺したいと思ったのは、1度や2度ではなかったと言います。段原町に帰ってからは、何も言わずに堪えていた母なのに、絞りだすように言った言葉は、

　「ズーと、ひもじかったよ、心が……。信じてもらえんのじゃもの。父ちゃんだけが頼りで生きとったのに……」。

　ため息交じりの母に、私は慰める言葉がありませんでした。まだ、娘気分の抜けきらない21歳の若さで8歳も歳の違う父に嫁ぎ、戦争に翻弄され、被爆しても、懸命に生き抜いたのに、本当は、いつも、死にたいと思っていたと知った時、私の心は張り裂けそうでした。それに死ぬ時はいつも私を道ずれにしようとしていたこともショックでした。兄は男の子、後継ぎとして生きていけるが、私を残していくのは不憫だと思っていたのだそうです。

128

　以来、私はこの時の母の言葉を生涯、心に刻んで生きようと思いました。どんなことがあっても、死にたいなんて言わない。苦しい時や辛い時は母のことを思い出して、「あの時、道ずれにして殺さなくてよかった、生きていてよかった」と、思ってもらえるように、「自慢の娘になろう、丈夫な体の娘になろう」と決意していました。

　しかし、母が本当に望んだ娘になれたのは、晩年、母が認知症になって娘の私を忘れた時でした。母にとって被爆させた娘の存在は、常に不安と懺悔の対象だったからです。

（7）初めてのサンタさん

　忘れもしません。昭和25（1950）年の冬、小学1年生だった12月25日のクリスマス。サンタクロースが煙突から入って来て、プレゼントを置いて行ってくれることを誰に教わったのか、ひたすら信じてこの日を待ちわびていました。

　25日の夕方、父の仕事場を覗いてみると、父は年に一度の煙突掃除を済ませたところでした。

　「紀子、煙突もストーブもきれいになったぞ、サンタクロースが喜ぶなあ。」

　「うん！　早いこと来るといいね！　うちはストーブがあるから一番に来るね！」

　当時、普通の家庭にはストーブはなく、暖は炬燵でとっていたので、日本のサンタは、かまどの煙突から入って来ると教えられていました。

　兄と寝たふりしてサンタを見ようと話しあっていたのに、気が付くと朝。兄と私の枕元にそれぞれミカンが一つ、置いてありました。

　「サンタクロースかね？」と兄にたずねると、

「おかしいのう、いつの間に来たんかの?」と言うので、祖母にたずねると、

「それは、サンタクロースに間違いないよ。よかった、よかった」と言うばかり。

「ミカンだけ?　おもちゃを持っておらんかったんかねっ?……」と問うと、

「サンタさんもやりくりがおありなので、ご都合が悪かったのかもしれませんな」と言うのです。私はよく意味が分からないまま、近所の子供たちと遊んでいました。いつのまにかみんなで、昨夜のサンタさんのプレゼントの見せあいになり、私は　皆のサンタさんからもらったという、可愛いハンドバッグや、着せ替え人形の豪華なセットを見てびっくり仰天。初めて、皆一律にミカンではないことを知り、底なしのショック状態に陥ってしまいました。急いで帰り、大声で泣きたいのを、必死でこらえて父にたずねました。

「お父ちゃん、サンタさんはどこから来たん?」

「そりゃあ、エントツに決まっとる、夕べ掃除を済ませたし。それっ。」

父は私を抱き上げ、ストーブの中を覗かせてくれました。

「ストーブのフタ、ちゃんと開けといた?」

「開けといたとも、閉めとったらサンタが家に入れんじゃないか。」

父ちゃんは、ちゃんとしてくれたのに、サンタクロースは我が家にはミカンしか置いていかなかった……。悲しくてもう我慢できず、涙が溢れ出てきました。父はびっくりして「どうした?　何があった?」たずねるのですが、私は、その理由を上手く説明できません。すると祖母が何かを察したらしく、父に耳打ちをしていました。

翌朝のこと、母が父に何かを渡していました。父はそれを見て、

「紀子、勝洋、サンタクロースが昨日の忘れ物を届けてくれたぞ、う

ちの煙突は低いけえ間違えたのかもしれんな」。

　それは、私が欲しいといっていたピンク糸で編んだ可愛い手袋でした。兄には野球帽のような頭に被るもので、兄は大喜びをしていました。私はサンタクロースに忘れられていなかったことが嬉しくて、飛び上がりたい気分でした。

　でも兄は「おかしいのう、どうしてかの？」と何を考えているのか、首を傾げてばかりいました。

　そして父は私たちに約束をしてくれました。

　「来年はサンタが迷わずに来るように、父ちゃんがエントツの見える家を建ててやるからな、絶対に！」

　自分に言い聞かせるように宣言していました。あの時、きっと無理をして祖母と両親がお芝居をしてくれたのでしよう。でも父は狭い借家から脱出する約束だけは果たそうとしてくれていました。

　この年の6月に起きた朝鮮戦争は、全国に特需ブームをもたらし、広島でも造船、車両部品、針、木材の輸出が伸びましたが、中でも造船、車両部品は父の木型が求められるので、父の工場も忙しくなり、若い職人さんも弟子入りして来て忙しそうでした。父にとっては、工場を広げる必要性に迫られていたのかもしれません。

（8）ABCC が来た！

初めてのワンピース

　昭和26（1951）年4月には、小学校の2年生になるので、初めてヒラヒラ開くワンピースを作ってもらいました。それまでは足首にゴムの入ったモンペに近いズボンばかりをはいていたので、何だか別人になったようで照れくさい気持ちがしていました。母はスカートだと私の足首

のあたりにある黒い足輪のようなキッポが見えるのを気にしているようでした。でも、私は嬉しくて、スカートの裾をつまんで目が回るほどクルクル回ってはしゃいでいました。

　でも母の本当の目的は、私を比治山に出来たばかりのABCC（原爆傷害調査委員会）に行かせるためでした。両親は原爆の影響を知りたがっていて、どうしても私をABCCに行かせ、診療してもらいたいと願っていました。新学期が始まって間もなくして、ABCCから我が家にお迎えのベンツが来て、私はやっと初めてよそ行きのワンピースを着ることができました。

　ABCCは、原爆投下後の3年目、昭和23（1948）年に創立された原爆の傷害を調査する機関で、翌年の昭和24（1949）年から、比治山に研究施設を移転する工事が進められていました。その場所は陸軍墓地があったところで、私が行った時は、かまぼこ型の白い巨大な建物が広い敷地にポツンとありました。

　建物の中は明るくて、開放的な雰囲気でした。いつも暗くてゴジャゴジャとした古い建物に慣れている私には、初めて見る空間でした。沢山の明るい部屋があり、優しそうな女の人がずっと一緒にいて、私の相手をしてくれました。検査の時はワンピースを脱ぐのを手伝ってもらい、裸のまま部屋に。いろんな検査をしてもらい終わると、お菓子をいっぱい頂いて、再び自動車で学校まで送ってもらいました。初めての自動車に乗っているあいだ中、興奮して胸がパクパクしていました。

　学校に着くと、大好きな担任の丸山先生が、はじめてのワンピース姿の私を「まあ、なんて素敵、お利口でした」といって抱き上げて下さり、ABCCで、ちゃんと検査を受けたことを皆の前で、褒めて下さったのですが、その後どんな授業を受けたのか思い出せません。夜遅く、母が早く寝るようにブリブリいっていたのを覚えていますから、余程興奮して

いたのだと思います。

お兄ちゃんの涙

そののち、間を置かず、兄も ABCC に行くことになり、憧れの外車のお迎えで検査に行きました。兄は足に大きなケロイドがあるので、父も母も検査をしてもらい治療に繋がることを望んでいたようでした。

ところが、兄は裸にされて隅々まで見て触られたのが、よほど恥ずかしかったらしく、泣きそうな顔をして帰ってきました。両親が何を聞いても黙って応えませんでした。兄は、

「もう、二度と僕は ABCC に行かんよ！　絶対に、行かんけえね!!」

訳も言わずに泣きじゃくっていました。

私は、あんなに悲しそうに流す兄の涙を見たのは初めてでした。そして、兄にも私にも ABCC からは、検査の結果の報告は何もありませんでした。でも、この事件に前後して、我が家の引っ越しが始まろうとしていました。去年のクリスマスの約束を父が実行に移そうとしていたからです。

ABCC はその後、かまぼこ型の建物を増やし、昭和 50（1975）年にRERF（放射線影響研究所）と改称されました。

昭和 30 年頃の ABCC（『廣島原爆誌』〔中国電気通信局発行、1955 年〕より）

　現在は「平和の丘」またの名を「比治山（ひじやま）」として知られる虎山（とらやま）。それは、広島市の中心部から東の方角、南区に位置する山とは名ばかりの標高71mそこそこの小高い丘です。名前の由来については諸説ありますが、古くはその姿が、虎が伏せている様に似ていることから「臥虎山（がこざん）」、または単に「虎山」と呼称されてきました。

　江戸時代末期、虎山の麓の町「段原村」の人で、自分の号を地元にあやかって「虎山」と名乗った儒学者がいました。その人物は坂井虎山、またの号を「臥虎山人」といいました。虎山が生まれた折には父親（儒学者：坂井東派）と親しかった頼山陽が段原村の家に見舞ったといいます。当時、頼家は、比治山の西側に位置する袋町にあったので、この小さな「臥虎の丘」を越えて来たのでしょうか。

　江戸末期、この美しい山は浅野藩の藩有林でした（明治末期までは国有林）。頼山陽もまた、この優美な美しさを愛した文人の一人でした。

　因みに、山の北西に位置する麓の多門院境内には、現在も頼家一族の墓があり、隣接地には、頼山陽の学問教育の「徳」を讃えた「山陽文徳殿」が。これは、昭和9（1934）年に頼山陽の没後100年を記念して建てられたものです。しかし、この記念館もまた、先の戦争に翻弄され、戦火に巻き込まれてしまい、現在は広島市が選定した被爆建物リストに登録。臥虎の懐に静かに佇んでいます。

　低い山ながらも故山（臥虎山）は、古くから市内でも有数の桜の名所でもあり、四季折々の風情が市民に愛されてきましたが、明治5（1872）年に、旧日本陸軍が陸軍墓地の整備を決定。明治31年には公園として整備が許可され、この頃から、「比治山公園」と呼ばれるようになりました。

　「比治山」という名前の由来については諸説あり、「比治」という地主の名前に由来するという説や、小さいながらも、他に比べようもないほ

ど治まりの良かったことから、その名が冠せられたという説などが
あります。

　広島市が比治山を公園として整備を始めたのは、明治41（1908）
年からですが、翌年の明治42（1909）年には、基町にあった御弁殿
をここに移設。以来、比治山公園は、陸軍墓地と御便殿という代表
的な名所を有する、市内で屈指の古い公園として多くの人に親しま
れてきました。「臥虎の丘」が、「比治山公園」と、呼称され人気の
高まりを見せるようになった大正元（1910）年。私の父・章も、比
治山の少し北よりの麓、的場町で祖父・豊吉と祖母・セイの子（4
男3女）の3男として誕生しました。その8年後の大正8（1918）
年に母・君子が、広島市の西の端にあたる中広町で誕生。21年後
の昭和14（1939）年暮れに、父と段原町で所帯を持つことに。中広
町から見て比治山は東雲の方向、母は明け行く空の輝きに美しく照
らし出される臥虎の丘を越えて段原にやってきました。

広島駅方面から望む比治山
（昭和20年10月31日、撮影／米国戦略爆撃調査団、
　所蔵／米国国立公文書館、提供／広島平和記念資料館）

Ⅶ. 希望の丘

昭和 28（1953）年～

（1）比治山賛歌

　比治山小学校に入学し、3年生になったばかりの頃、「私の比治山」という題の宿題で作文を書きました。ちょうど、我が家が比治山の麓の少し高台に引っ越したときでした。しかし、授業が始まる寸前の教室で「お前、何を書たんじゃ」と、後の席の男子が私のノートを取り上げようとしていました。私は後ろを向いて取り返そうと懸命でしたが……、その時です、

　「いつまで騒いでおるんじゃ！　外に行って騒げ！」

と、大きな怒鳴り声がして、気が付くと担任の男先生が私の横に仁王立ち。

　結局、二人はつまみ出され授業の間中、廊下に立たされてしまいました。私はこの時、人生で初めて大勢の面前で屈辱を味わうことになりました。そのノートを、先生に見せることもできないまま、両親に立たされたことも言えないで悲しい思いをしました。その後、屈辱を晴らしたくて、何度も読み返しては、暗唱するほどになっていました。今でも目を閉じてあの頃の比治山の麓に思いを馳せれば、あの時に先生に伝えたかった内容が、あの日の屈辱と共に蘇ります。

―― 私のお家が建ちました。比治山の麓の高台です。お家の裏には山のてっぺんに通ずる山道があります。比治山にはたくさん遊ぶところがあります。貝塚もあります。お花もいっぱい咲きます。春には広い御弁殿 (*1) でお花見をします。御弁殿からは広島の中心地を見渡すことができます。比治山にはりっぱな兵隊さんのお墓が沢山あります。それから、白いカマボコのような形をした「ABCC」(*2) があります。私は検査をしてもらいに行くのが楽しみです。行くとおいしいお菓子をいっぱいもらいます。夏には鶴見橋のある川 (*3) で泳ぎます。

　鶴見橋は比治山の向こう側なので、山を越えて行きます。県庁 (*4) に近い山道にはカンナの花が咲いています。近くの絶壁のような急な斜面は山が削られたためです。みんな「はげ山」と呼んでいます。そのそばには、洞窟 (*5) もあります。家のすぐ近くには冷たい山水の湧いている場所があります。山のてっぺんには吊り橋 (*6) があります。私はこの吊り橋が大好きです。橋の欄干には、お父さんの作った彫刻 (*7) があるからです。お父さんは毎朝一番に、工場の窓をあけ比治山を眺めています。お父さんは「比治山はうちの庭」だとみんなに自慢しています。

左：比治山から爆心地方向を望む（昭和20年10～11月、撮影／米軍、提供／広島平和記念資料館）
右：現在の比治山陸軍墓地（撮影／高瀬 毅）

＊1：明治天皇の休息のために設けられた御殿。便宮　＊2：原爆傷害調査委員会
＊3：京橋川　＊4：原爆で破壊したため、昭和46（1971）年に比治山に近い霞町
に移転　＊5：陸軍の防空壕跡　＊6：雲慶橋。元々は吊り橋だった　＊7：木工
職人だった父は、橋の欄干に飾る鋳物の型を頼まれて橋の名前と文様を彫った。
しかし、現在の橋の建て替え時に撤去。

ふたつの母校

これでもかと書き連ねた子供の頃の比治山の自慢ですが、私がさらに
自慢だったのは、比治山を学校名に冠した、母校「比治山小学校」とそ
の校歌（当時）でした。校歌の冒頭に比治山が出てきます。

　　　［比治山小学校校歌］
　　　　　早緑(さみどり)匂う比治山の
　　　　　その名において東雲(しののめ)の
　　　　　明けゆく空の輝きに甍(いらか)そびえる学舎は
　　　　　嗚呼　栄光の我が母校

学校の所在地は「東雲町」。地名の由来は市の中心部から見て、東の
方向にあったから。比治山が単なる公園ではなく、市民にとって重要な
意味を持つ理由も、数奇な歴史も知らず、私はただその山が生活の一部
として存在している、そのことが何かしら誇らしかったのです。比治山
小学校の後、比治山の麓の「広島女子商業中学校」からそのまま「広島
女子商業高等学校」に学びましたが、この学校の校歌（当時）もまた、
比治山を称えていました。

［広島女子商業高等学校校歌］

緑の谷を左に見

鶯谷を右に見て

我が学園のあるところ

眺め爽なり　清らなり

段原校舎における朝礼風景
（学校法人 広島白鳩学園『90 周年記念誌』より）

　当時、比治山は桜の名所でしたが野鳥もたくさんいました。特に我が家の裏辺りから学校のある辺りにかけては「鶯谷」と呼ばれていて、早春の沢には春を告げる綺麗な鳴き声が響き渡り、それが我が町の自慢でした。

　学校の中庭には原爆時に学徒動員で犠牲になった生徒 329 名と教職員 9 名の慰霊塔がありました。彼女等の悲惨な苦しみは原 民喜の「原爆被災時のノート」中にも壮絶に書かれています。生き残った先輩たちの中には被爆者としての使命に生きる人たちがいて、後に原爆乙女としてアメリカに渡り永住して反核を訴えている笹森恵子さん、そして詩人の橋爪文さん。二人とも時期は異なるものの、ピースボートの「被爆者地球一周証言の航海」に参加。「おりづるプロジェクト」でも先輩です。卒業式で「校章の白鳩は平和の象徴。原爆で犠牲になられた先輩のことを忘れず、胸のバッチに恥じぬよう平和のために学びを活かして羽ばたいて下さい」校長先生の祝辞がオーバーラップします。

　しかし、この母校も平成元（1989）年 4 月安芸郡坂町の新校舎に移転。平成 20（2008）年には、「広島翔洋高等学校」として男女共学へ変更。その後、「広島女子商業高等学校」の跡地は「広島段原ショッピングセ

ンター」となり、その東南角には、学校が所在していたことを告げる「広島女子商業高等学校跡地」の石碑が立っています。奇しくも、その石碑の立つ位置は私の生まれた場所。両親が新婚時代に一時的に住んでいた家のあった場所で、学校の塀を隔てたすぐ隣だったからです。

（2）麓の我が家

鶯の谷は家の庭

終戦後の段原は、原爆の焼失を免れたことから、家を失った人たちが大勢移り住み、旧陸軍施設（兵器廠など）の跡地に県庁も移転してきて市内きっての繁華街の様相を呈していきました。

昭和26（1951）年、待望の我が家が建ちました。父が敗戦から無一文でスタートしてやっと手に入れた家でした。

今まで住んでいた借家とは同じ町内で、比治山の麓ですが、少し山寄りの高台です。比治山の鶯谷と呼ばれる小鳥のさえずりが聞こえる谷間はすぐ裏手です。

日当たりのよい畑だった50坪（約165㎡）の土地を購入。もっと高台には、ポツンと1軒100万円のモデル住宅が建っていました。外国のお城のようです。すぐ裏の山陰に仏壇の漆塗をしている老夫婦の家があり、我が家の前には比治山の湧き水が流れていて蛍も飛んでいました。

両親が工場の仕事を終えた後、その畑に毎日通い、暗くなるまでモッコを担いで、半年くらいかけて土地を平地にならしていました。

建物の半分を工場にして、材木も出入りの業者さんから購入し、大工さんも左官屋さんも、みんな知り合いでした。父としては2階建てにしたかったのですが、資金が足りないのであきらめて平屋に。壁も荒壁のまま、玄関と風呂だけは、セメントで固めてありましたが、家族で頑張っ

た精一杯のマイホーム兼工場でした。

　工場の真ん中に、父のストーブが置いてありました。約束通り、サンタクロースが間違うこともないように高いエントツが付いていました。

　父は暇をみては、自分で、小さな庭に池も造り、工場の窓から見える小さなブドウ棚を作ってくれました。「大洋ポンプ」から仕事をいただいていたので、井戸を掘りすべての水を大洋ポンプで汲んでいました。

　ポンプで水を汲み上げるのは大変でしたが、洗濯物を干す場所がいっぱいあるので、祖母も母も嬉しそうでした。その頃、祖母は年中着物を着ていましたので、洗濯する時は着物を解いて「洗い張り」（洗った布を皺にならないよう引っ張って干す）をする度に干す場所がなくて困っていたからです。母は私が覚えている頃にはもうスカートをはいていました。

　父は何より祖母に、ゆっくりさせたかったようです。銭湯に通うことも、階段を上り下りして食事の用意をすることもなく、お手洗いも家の中です。仏壇が置けるよう床の間も造りました。しかし祖母は、今まで通り、毎日、本家の仏壇にお参りするのを日課としていましたので、床の間はいつの間にか父のお酒置き場に。不思議なくらい、どこからともなく父にお酒が届いていました。そのお酒で、お客様をお呼びするのが父の楽しみでしたが、何より中広町の祖母を招くことができるので、母は嬉しそうでした。

　そして父は、一番欲しかった柴犬を飼うことにしました。犬の名前は「富夢」。富男叔父さんの夢と一緒に暮らしたかったのでしょう。可愛い子犬のトムは利口で不思議なくらい父と気が合い、父が嫌いな人や借金取りには大きな声で吠えるので、両親が居留守を使うのは、トムが大きな声で吠える時と決まっていました。

段原の治安とお巡りさん

段原は火災を免れた家が多かったせいか、空き巣に狙われる被害が毎日のようにありました。

越して来た家の前には比治山の湧き水を貯めるために1mくらいの水路がありましたが、私道を遮っていたので、水路の上を大きな鉄板で覆っていました。段差のない鉄板橋は父の自慢。しかし、この重い鉄板が盗まれるという、大打撃の事件が起こりました。しかし、橋がなければ父の仕事にも差し障るので、もう一度、鉄板を置き、今度は鉄板橋がよく見える場所にトムの犬小屋を。すると効果てきめんで、何度も盗みを未然に防ぐことができました。

終戦直後の中広町にいた時は天満川の土手に辻強盗が出て、十日市の伯母が恐い目に遭ったと言っていましたが、母は、段原は未だに泥棒が多くて着物を盗まれる家が多いとこぼしていました。古い家が多いからでしょうか。盗んだ着物は闇市のようなところに売られるか、質草にされるので取り戻すことが困難だとも。

そのころ段原の住宅街を、いつもお巡りさんが自転車に乗って巡回していましたが、私は、お巡りさんが怖くて、出会うとドキンドキンと鼓動がなって体が硬直していました。周囲の大人たちは、子供がちょっと悪戯するとすぐ、「お巡りさんに言いつけるよ！」と言っていたので、トラウマになっていたのかも。

当時のお巡りさんは、拳銃も手錠も持たず、笛を吹いて殴られたら痛そうな警棒（私たちは「こん棒」と言っていた）だけを振り上げて、どろぼうを捕まえていました。

昭和26（1951）年。鉄板どろぼうに遭った年の初冬。夜暗くなってから、父が、寒くなる前に本家に置いてある祖母の冬布団を我が家に持

142

ち帰っておこうといって出かけたのですが、なかなか帰って来ませんでした。

　心配で、家の前の坂道に出て待っていると、なんと、下の方から父がお巡りさんに連れられて帰って来るのが見えました。

　私は父がお巡りさんに捕まったのかと思ってビックリ仰天、大急ぎで家に帰り「父ちゃんが、父ちゃんが！」と叫んでいました。怖くて次の言葉がでません。

　みんなが玄関に飛び出したところに帰って来た父はニコニコして、背中の荷物を下ろしていました。お巡りさんが祖母を呼び、中身の布団が祖母のものであることを確認すると、父に頭を下げて、帰って行きました。

　当時は何を持ち運ぶのも、すべて風呂敷でした。唐草模様の大風呂敷を背負って夜道を歩く男の姿は、典型的な布団の泥棒スタイルだったのです。そして夜具はどこの家庭でも大切な財産で、どこの家にも必ずあるものですから、留守を狙って押し入る布団どろぼうが横行していたのです。

　父は皆に向かって開口一番、言いました。

　「父ちゃんを泥棒と間違えるお巡りは、新米かバカタレじゃあ。そのバカタレを恐れとるお前たちは、もっとバカタレじゃ。悪いことをしとらんのなら何も恐れることない、恐れちゃあいけん。」

　祖母は「ほうじゃ、ほうじゃ」といいながら笑っていました。父は顔を真っ赤にして高揚している私の額をポンと叩き、小さな声で、「このバカタレが……」と言いました。

　私は何だか嬉しくて「うん、うん」と大げさなくらい頷いていました。きっと、お巡りさんを見かけると、いつも祖母の後ろに隠れていることを、父は知っていたに違いありません。

お隣さん ― 筒抜けの御利益

　我が家の裏の山陰にあった老夫婦の家が、初めてのお隣さんとなりました。お隣さんは仏壇の塗師で、漆を使っていましたので、私たち家族は、あっという間に漆にかぶれてしまいました。ところが、お隣さんは「これで、免疫ができたので大丈夫」と言って、家に招き、仏壇の塗装部屋を見せて下さいました。それ以来、兄と毎日のように漆で仕上げた仏壇が金箔で美しく仕上がっていくのを、目を丸くして見ていました。いつ行ってもおじいさんは忙しそうでした。

　原爆で亡くなった遺族の人たちが落ち着きを取り戻しはじめ、亡き人を供養したいという想いが仏壇の需要につながっていたのでしょう。

　我が家の裏庭の竹垣に低い木戸を付けてもらい、そこを開けると、お隣さんの庭と繋がるようになっていました。でも、よその人は大回りして畑の畦道を迂回しないとお隣さんに辿り着くことはできません。

　お隣さんとは低い竹垣だけの仕切りでしたから、竹垣の所に立つと家の中は、丸見えで、食事の時は卓袱台の上に乗っているものまで分かる状態でした。おまけに、私の家族は機械の騒音に負けないよう、大きな声で話す習慣があり、家族の会話も大声でしたから、その内容も筒抜けでした。

　しかし、この筒抜けが子供にとっては功を奏することもありました。両親にとっては恥さらしでさぞ情けない思いをしたことでしょうが……。

[星空の映画会]
　当時の家族で楽しめる娯楽は映画でしたが子供を映画につれて行ける家庭は少なく、地域の町内会、あるいは学校のPTAなどが主催して、

安い料金で子供も親も楽しめる地域映画会を実施していました。

　学校の校庭や、神社の境内あるいは、空き地など地域の広いスペースを利用して、広場いっぱいにゴザを敷き詰め、夜空に星が出る時刻、家族揃って車座になって、大きなスクリーンを見上げていました。安い料金が謳い文句でしたが、その安い料金が払えないで行かせてもらえないこともあり、兄と弟と私と3人して大声でお金をねだっていました。早く行かないといい場所が取れないので、必死でした。その度に、隣のおばあちゃんがやって来て、「私の場所をとって下さらんか」と、子供らに「ハイ、駄賃！」と言って、映画の料金を下さるのです。貧しい食卓の様子、兄弟げんかや、借金取りの会話まで、隣に丸見え、丸聞こえの効化は絶大で、よくも悪くも計り知れませんでした。

　当時の上映作品は『山河はるかなり』（昭和22〔1947〕年公開：第2次世界大戦直後のナチの収容所から救い出された少年を描いた）や、『悲しき口笛』（昭和24〔1949〕年公開：終戦直後、孤児となった少女を美空ひばりが演じた）を、学校の校庭や、近くの神社（杉姫神社：通称「お稲荷さん」）の広場で何度も何度も飽きることなく見ていました。

　［紙芝居とピカドンの歌］

　紙芝居も子供にとっては楽しみでしたが、紙芝居のおじさんは、水あめを買わないと見せてくれないので、いつだったか、小遣いがなくて、紙芝居の場所から離れて遊んでいると、隣のお婆ちゃんが、「私の代わりに見てきてお話の続きを聞かせて頂戴」と言って、水あめの代金を払ってくださいました。

　その時から、私が水あめを買えないで近くで遊んでいると、紙芝居のおじさんが、「おいで」と言って、「おばあちゃんに話してやりな」とタダで見せてくれるようになりました。たまに両親が、お小遣いをくれた

時は大きな声で「下さーい！」というと、おじさんは嬉しそうに、「お
まけじゃ、おまけじゃ」と言って大きな水あめの塊を作ってくれました。
　紙芝居のおじさんが、時々歌ってくれた歌があります。子供たちが歌
詞を理解していた訳でもなく、誰の詩かも分かりませんが、面白い節だっ
たので、すっかり覚えて、皆で大きな声で歌っていました。家で歌うと
父も祖母も笑ってくれるので得意になっていました。今、思うとおじさ
んも被爆者で、生活の苦しいのを歌で吐露していたのでしょうか。

　♪平和な都の　広島の
　　駅前通りを　眺めれば
　　汚れた洋服に　弁当箱引っ提げて
　　テクテク歩いて　仕事を求め
　　哀れな姿を　つくづく眺めて
　　ほろり　ほろりと　泣き出す
　　神や仏さんは　良く聞き賜れ
　　ピカドンが　ピカリと光ったばかりに
　　今では哀れな　この姿
　　家では山の神が　ボロ布集めて　針仕事
　　17の娘は銀行の　小使い
　　お金は見るけど　自由にならぬ
　　儘になるなら　30円で
　　当たっておくれよ　100万円の宝くじ

　　　＊100万円の宝くじが30円だったのは、昭和23年で、24年は25円、25年は10円
　　　でした。おじさんは最初の値段で覚えて歌っていたようです。

146

（3）母の苦悩

疑惑は晴れたのに

　トムは、皆から迷惑がられている静伯母さんには、とても懐いていました。どんなに綺麗な女性でも自分の「お眼がね」に叶わなければ吠えていたトム。身なりを構わない静伯母さんには、なぜ吠えないのか、みんな不思議がっていました。我が家に風呂が付いて、静伯母さんは、風呂に燃やすものを一生懸命運んで来てくれました。そんなこともトムは分かっていたのでしょうか。

　ある日、風呂のカマドの横に、燃やすゴミをいっぱい詰め込んだ大きな紙袋が置いてありました。母はトムが吠えなかったので、静伯母さんが置いて行ったのだとすぐに分かったそうです。その日の夕方、風呂を沸かそうと、母はその袋を開けてびっくり。古い書類や郵便物などがびっしり入っていたからです。

　風呂を沸かすために、書類の整理をしたのか、整理をしていたら燃やさなければと気がついたのか、いずれにしても他人に見られてはまずいものばかりでした。中でも母が気になったのが、父の筆跡の封書でした。気になるので開けてみると戦時中に、父が戦地から母に当てた手紙で、給金の明細や大切な証書類について書いてありました。

　中広町に疎開する前は、静伯母さんの隣に住んでいたので、疎開している間、伯母さんが預かってくれていたとも考えられますが、食糧難の時代ですから魔が差したのでしょう。なぜなら、夫の伯父さんは戦後、人が変わったように粗暴になり、お酒に浸る毎日。静伯母さんは酒を切らすと伯父さんが暴れるのが怖くて酒代の工面に奔走する毎日だったからです。

　母は父が本当に自分にお金を送ってくれていた、貯えを心配していた

ことを確認できましたが、だからといって、父が母を疑い憎み続けたことに対する母の悲しみや、心の渇きを解消できた訳ではありませんでした。どんな時でも、最後の最後まで信じて欲しかったはずです。一旦傷ついた信頼や愛情は元に戻すことは難しく、夫婦なら尚更でした。

　父もまた、母に謝ることはありませんでした。信頼を愛の証と考えていた母に対して、父はお金のことで母を誤解していたとしても、父の怒りの本質が、お金そのものではなく、誤解や憎しみを作り出した戦争であり原爆だったからです。その怒りの矛先が子供を被爆させた母だったのです。夫婦の求める思いの糸を、お互いが手繰り寄せる術を持たず、次第に縺れていく糸をどうすることも出来ないでいました。

　以来、静伯母さんは、我が家を訪れることは少なくなりました。きっと、父に叱られたのでしょう。でも、父は伯母さんの使い込みのことは、祖母には内緒にしていました。祖母が母に遠慮して我が家にいづらくなるからです。ともあれ、静伯母さんに吠えなかったトムは母の疑いを晴らしたのですから、お手柄でした。

比治山に映画『ひろしま』の撮影隊が来た日

　昭和28（1953）年、我が家からほど近い比治山の防空壕跡で映画『ひろしま』の撮影が行われました。原爆が投下されて8年しか経っていない7月初旬のことでした。折しも前年の昭和27（1952）年にサンフランシスコ講和条約によるプレスコードが失効したばかりで盛り上がりをみせていました。

　この映画は広島で被爆した長田 新（日本こどもを守る会初代会長）が編纂した文集『原爆の子〜広島の少年少女のうったえ』を、日本教職員組合が映画化を決め、広島県教職員組合と広島市民が協力して作り上げたものでした。広島市の中学・高校生と、父母や教職員、市民ら約8

万 8000 人が出演。実際の被爆者も大勢参加して、圧倒的なスケールと
リアリティで話題を呼び、昭和 30（1955）年のベルリン国際映画祭で
長編映画賞を受賞しました。

　防空壕跡でのシーンは、山田五十鈴さんが中心でしたから、当日は洞
窟の下の山道には大勢の野次馬がひと目、大女優を見たいと黒山の人だ
かりを作っていました。私は出演者の名前などよく知りませんでしたが、
洞窟の様子が気になり、近くまで行って見ていると、いつの間にか大人
の人垣に囲まれてしまい、そのうちに身動きの取れない状態に。

　やっと動けるようになったと思ったら山田五十鈴さんは引き揚げた後
でした。後で知ったのですが、あの時は、エキストラとかスタッフなど
300 人もの人が防空壕跡の中で撮影していたのだそうです。

　ガッカリして家に帰ると、町内会の人が来て母に、「映画で母親役を
演じる山田五十鈴さんに被爆時の証言を聞かせてあげて」と頼んでいま
した。母は山田五十鈴さんのファンでしたが、原爆の話で会うのは躊躇っ
ていました。しかし、近所の人たちが「あの大女優の山田五十鈴と会え
るのだから」と、大興奮して母を説得、あれよ、あれよという間に母は
他の数人の被爆者と一緒に山田五十鈴さんや監督そして撮影スタッフに
お会いすることになりました。

　その数日後、指定された場所に大勢に見送られてオシャレして出かけ
た母でしたが……、夕方近く、がっくりと肩を落として帰って来ました。

　今日の報告を聴こうと、近所の人も来て母を取り囲んでいましたが、
母はポツリと「私には喋れませんでしたけぇ、……こらえてや」と、深々
と頭を下げて、その場を離れてしまいました。心配そうに祖母がみんな
にお茶を汲んでいました。

　皆が帰った後、母は風呂場の竈（かまど）の前に座り込んで、しばらく薪が燃え
るのをじっと見ていました。私は不思議な気がして父に向かって聞きま

した。

「お母ちゃんはどうして喋らんかったんかね？」

「そがいなこと、喋らんでもええ！」父は即座に言い放ちました。

あまりに険しい口調だったので、その時の私には「なぜ？」とは聞く勇気がありませんでした。

幼児被爆者　佐々木禎子さんの死

映画『ひろしま』がクランクアップしてから、2年後の昭和30（1955）年。この年は市民公会堂が3月に落成。原爆資料館（広島平和記念資料館）が開館するなど記念すべき年でしたが、平和記念公園の工事中に黒焦げの家財と共に多くの骸骨が掘り

入院中に禎子さんが折った鶴（寄贈／佐々木繁夫氏・佐々木雅弘氏、所蔵／広島平和記念資料館）

出されて大きな衝撃をうけました。そして、私と同い年の佐々木禎子さんが広島赤十字病院で10月25日に亡くなりました。原爆が投下されて9年後に白血病に侵され8カ月の闘病生活の末のことで、享年12歳でした。

私は禎子さんに会ったことはないのですが、同じように西区（私は中広町、禎子さんは楠木町と近く）で被爆しており、歳も同じ2歳の時に被爆したことで親近感を持っていました。

禎子さんの死はマスコミでも取り上げられ話題になりましたので多くの人が衝撃を受けましたが、一番衝撃を受けたのは、幼児被爆者の親たちでした。

原爆による生存率が幼児被爆者は低かったうえに、禎子さんと同じ年頃の記憶のない1～2歳の被爆者には、親が被爆したことを隠している

場合が多かったからです。

　母も衝撃を受けたはずですが、私がどんなにたずねても、禎子さんのことはなぜか、一言も触れることはありませんでした。

　禎子さんが亡くなった時、私の腕のあたりにもネズミ色のアザのようなものが浮き出ていました。最初は無意識にどこかに打ち付けたのかと思っていましたが、いつも同じように出るので変だなと感じていました。

　当時は人によって斑点とかアザとか、夏の暑い時や疲れた時によく出ていました。私の場合は、痛いわけでもなく、袖付きのシャツを着ていれば人に気づかれることはありませんでした。

　一緒に被爆した兄も従兄弟たちも外見はともあれ、多かれ少なかれ、同じような症状が出ていました。それでも、生前の禎子さんと同じように、みんな元気にすくすくと育っていました。

　同じころ、十日市の伯母は私よりもっと黒いアザや斑点が出ていました。伯母は、斑点だけではなく歯茎から出血が多く、歯が抜けはじめて、結局、30代の若さで総入れ歯になっていました。

　昭和33（1958）年の5月5日の「子供の日」、禎子さんのイメージを象った「原爆の子の像」が建立されました。これを建立するにあたり、各学校の生徒会を通じて募金活動が展開されました。

　15歳になっていた私も学校の生徒会を通じて活動に参加していましたが、父は私が原爆に関する運動に参加するのを良く思っていませんでした。私はそれが、不思議で仕方ありませんでした。普段の父の口癖は、「人のお役に立つ人間に」だったからです。

　それから禎子さんの話題が注目を集めるに従い、「原爆反対」のスローガンのもとに、放射能の怖さが認知され始めました。しかし、それは一方で、幼児被爆者の記憶のないがゆえの恐怖と、差別という新たな苦悩を生んでいました。父は何となく、そんなことを予知していたのかもし

れません。

忠犬トムの憂鬱

　私たちがこの高台に引っ越してきた時は、ト
ムも小さく、広い畑と原っぱが広がっていまし
たが、あっという間にトムは大きくなり、周囲
には住宅が建ち、広い隙間を埋め尽くしていま
した。

　順調満帆に見えた新居での暮らしでしたが、次第に両親が居留守を使
うことが多くなりました。新居の屋根瓦を葺く時、借金した支払いが滞
るようになったからです。瓦屋さんも最初は月末に集金に来ていました
が、そのうち三日にあけず催促に来るようになりました。

　そのうち、父が苦手な別な借金取りも同時的に来るようになり……。
ところが、利口なトムはその頻繁に来る人たちを覚えてしまって遠くの
方から待ち受けて大声で吠えて父に知らせようとしていました。

　でも、トムが一生懸命吠えれば、吠えるほど、「うるさい！」と近所
の風当たりも強く、トムにとっては憂鬱な事態になり、次第に近所迷惑
な犬に……。

　そんなトムに追い打ちをかけるように、災難が襲って来ました。それ
は坂道と我が家の間にあった空き地に、引っ越してきたお隣さんが、養
鶏を始めたからです。陽当たりの良い広い敷地は養鶏にぴったりだった
のでしょう。時折、ニワトリが檻を抜け出してうちの庭に侵入。トムは
猛ダッシュしてニワトリに襲い掛かり……、誇らしげに鶏をくわえて工
場に持って来ました。怪しい侵入者を捕え、みんなに褒めてもらえると
思ったのでしょうか。

　しかし、みんな唖然として言葉を失っていました。母だけが「やれや

れ……」と言いながら、そのニワトリを持ってお隣に行き、平身低頭して謝っていました。そんなことが、2度3度と続いていました。

　そんなある日、皆出かけ、兄が弟とトムを散歩に連れ出した日に、なぜかいつもとは違う人が次々集金に。月末だったからでしょうか……。

　父はトムがいないため、借金取りに気づかず居留守を使う間もなく見つかってしまいました。観念して三拝九拝して謝っている父に借金取りは散々嫌味を言い放っていましたが、借金取りの対応に慣れない父の姿は子供の目にも可哀想でした。優しい父。お金を払わないのは悪いことかもしれませんが本当は悪いことが一番嫌いな父なのです。私は、こんな時どうしていいのか分からず悲しくて仕方がありませんでした。

　借金取りが帰った後、工場の隅で今にも泣き出しそうな私に気付いた父は、「遊んでおいで」と言って、笑いながらズボンのポケットから小銭を取り出し、私の手のひらに置こうとしました。私は両手を払いのけ、首を横に振っていました。子供心に困っている父からもらってはいけないような気がしたからです。

　そのうち出かけていた皆も散歩のトムも帰宅。しかし、父は今日の事は何事もなかったように振る舞い、誰にも何も話しませんでした。

　忠犬トムにとって、今日の散歩は憂鬱の解消になったのでしょうか。不覚にも父の居留守を守れない結果を招いてしまいましたが、父はその夜、トムを足元で眠らせ、遅くまで、ひとり仕事場で黙々と木型を彫っていました。

兄の出発とトムの別れ

　昭和31（1956）年、我が家の周辺も隙間なく住宅が建ち並び、経済白書が「もはや戦後ではない」と発表。5年前に引っ越してきた時は、比治山の景観を利用して、裏の高台にポツンと一軒建っていた、最新式

の100万円のモデル住宅を紙芝居のおじさんが、近くの広場で、「当たって欲しい100万円の宝くじ」と、歌いながら見上げていたものです。気が付けば広場にも家が建ち、紙芝居のおじさんも来なくなり、憧れのモデル住宅も、今は特別な感じは全くなくなっていました。

　旧兵器補給廠跡地に置かれていた広島県庁舎が基町に移転し、翌32（1957）年の秋には、その跡に、広島大学の医療系学部や、広島大学病院が移転して来ました。段原の町の雰囲気も何かしら新しい息吹の予感を感じさせていましたが、我が家にとっても大変革がありました。

　昭和32年は兄が中学を卒業。父の工場で働くことになったのです。父は兄が被爆者で足にケロイドがあることで、いじめを受けていることに早くから気づいていたようです。しかし、男としてその怒りを仕事にぶつけて大きくなって欲しいと考えていたのです。兄が登校拒否をして一人、比治山で時間を費やしていることも、見て見ないふりを……。ただただ、強くなって欲しい一念でした。

　父は富男叔父さんが戦死した時に、工場を諦めなかったのも、兄の将来を考えて持ち堪えておきたかったのだそうです。父の予想通り、「もはや戦後ではない」の発表とは裏腹に、被爆者は就職も進学も非常に困難な時代になっていました。

　晩年、父は埼玉で暮らしていた私の家を訪れ、もう数十年も経つ兄への思いを何度も聞かせてくれました。私は、そんな親の心も知らず、兄が仕事をするようになって、一日中兄と父が一緒にいるのが羨ましかったことを思い出していました。

　ともあれ、父が富男叔父さんと工場に託した夢が兄へと引き渡された年の暮れ、トムは自分の役目を終えるように、工場の片隅で、静かに息を引き取りました。

　「我が家から見える場所に」と、父と兄と弟の4人でモデル住宅の脇

154

の茂みにトムの墓を作り埋葬しました。その小さなスペースは、散歩の度にトムが立ち止まっていたお気に入りの場所で我が家が一望できました。

　トムが死んで、父は居留守を使うこともなくなりましたが、毎朝、比治山に面した窓を開けトムのお墓の辺りをしばらくの間、眺めてから仕事に入るのが常でした。

昭和30年頃、比治山から広島市内を望む
（『廣島原爆誌』〔中国電気通信局発行、1955年〕より）

VIII. 比治山を駆ける青春

昭和 34（1959）年〜

　昭和34（1959）年、皇太子殿下と正田美智子様がご成婚。父が祖母のためにテレビを買って来ました。ご成婚当日の4月10日には朝から近所の人が大勢やって来て狭い我が家は大賑わいでした。みんな初めてテレビを観たのです。祖母は一日中テレビの前に正座していました。画面に映る皇太子ご夫妻に何度も何度もお辞儀をして嬉しそうに眼を潤ませていました。

　それから2年後の昭和36（1961）年には、アメリカ合衆国大統領にジョン・F・ケネディが就任。ガガーリンが、人類初の宇宙飛行、そしてドイツにベルリンの壁が出現するなど世界のニュースが注目を集めていました。

　しかし、若い私たちは3年後（昭和39〔1964〕年）に開催予定の東京オリンピックに胸を躍らせていました。現実は、厳しい窮乏生活を強いられていましたが、青春の真っただ中でただ、一途に明日を夢見ていました。

　4月には広島女子商業高校の3年生になり、クラスの仲間は就職活動に一喜一憂していましたが、私は心のどこかで就職を諦めていたように思います。しかし、一方で、京都にある華道の家元が関係する短期大学

に学びたいと心秘かに、受験だけでもと願っていました。とはいっても我が家の経済状態を考えると、両親には頼めませんでした。学校の月謝さえも、滞りがちの経済状態だったからです。それでも、私の比治山は変わることなく緑を湛え、四季折々の花を咲かせ、命の息吹を放って私の青春の中にしっかり座していました。

（1）そこにいる幸せ

　当時の学校の担任は新婚間もない西原千代先生でしたが、その頃は月謝を滞納する生徒は担任教師にとって頭痛の種になっていました。学校側としては、担任教師を通して生徒に催促を促し期限の厳守を徹底指導していたからです。私は優しい西原先生に憧れながらも、先生に迷惑が及んでいることが申し訳なくて、学校では先生を避けてばかりいました。

　月謝の納入期限をとっくに過ぎた日の昼休み。先生に呼び出され、職員室に行こうとしていると、廊下で先生にばったり。先生は、窓側に寄り、目の前の比治山を見上げながら、私の肩を引き寄せておっしゃいました。

　「気持ちがいいわね。比治山を見ていると、本当にこの学校に来ることが出来て幸せだと思うの。ネッそう思うでしょ！」

　私は、先生が月謝の納入期限が過ぎていることを注意したいのに、言い出せないでいらっしゃると思うと申し訳なくて、思わず、

　「先生ごめんなさい、月謝……」

と言いかけた途端、先生は私の言葉を遮って、

　「いいの、いいのよ。あなたは分かっているのだもの……」

と言いながら、比治山に視線を移されたので、私は返す言葉が出てこなくて、咄嗟に、

「比治山はうちの庭みたいなものですから」

と、唐突にも、比治山の話を始めていました。比治山の清掃ボランティアに、クラスメイトのEちゃんといつも行っていることなど話すと、先生は興味深く聞いて下さり、何だか嬉しそうでした。

「ありがとう。私の大好きな比治山を大切にしてくれて、本当によかった」

と、にこにこして職員室に帰って行かれました。先生は、月謝のことで私が落ち込んでいるのではと心配して、廊下で待ち伏せして下さっていたのでしょう。

その後も何度か月謝が遅延することがありましたが、先生は何も言わずに、普段通り接して下さっていました。西原先生の存在は、広島女子商業高校を卒業後も私の大きな支えであり、誇りとなり目標となっていきました。

記憶の丘に座して

西原先生にお話したEちゃんというのは、親友で、同じ被爆者同士でした。

私の青春時代は、比治山の四季折々の風景の中で、大切な友情や愛を懸命に育もうとしていました。その大きな原動力になっていたのが、学校のクラブ活動や、市内の色んな学校が集まって行っていた、種々のボランティア活動でした。

私はその中で、いくつかの宗教団体が推進していた「国土美化運動」に参加。これは3年後（昭和39〔1964〕年）の日本で初となる、東京オリンピック開催に向け「美しい国土で外国の方を迎えよう」と始まった清掃活動でした。

その頃、広島だけでなく日本国内はゴミだらけで、現在では想像もつ

かないほど公衆モラルの低い時代でした。

　広島駅前、原爆ドームを中心に平和公園周辺、そして比治山公園など
を重点地域とし、毎週日曜日を清掃日と決めていました。

　私は学校の仲間を誘って比治山に行き、人の集まる場所を中心に清掃。
汗と埃だらけになってゴミと格闘するために、竹箒を肩に担いで、号令
をかけながら山の裏道を駆け上がっていました。

　その中の一人が、大親友のＥちゃんでした。彼女は広島の爆心地に
近い、観音町で被爆したにも関わらず、被爆者手帳を所持していません
でした。ご両親が被爆者であることを隠して手帳を拒否したためです。
しかし、本人は親戚から聞いて早くから気づいており、私にはヒミツの
約束で何度も打ち明けてくれました。私たちは被爆者同士という気持ち
が深いところで繋がっていたから、生涯の親友だったのかもしれません。

　二人は、比治山だけでなく、平和大通りにあった「移動演劇さくら隊」
の原爆殉難者の碑の清掃にも参加していました。その慰霊碑は、原爆当
日、広島に来ていて被爆死した劇団の人たちの碑で、私とＥちゃんは
学校では演劇部に所属していたのでクラブ活動の一環として参加してい
ました。演劇部の活動として他に、似島学園（終戦直後に多くの原爆孤
児を収容）にも、二人が主役になって慰問講演を行ったことがあります。
でも演劇部の人たちは二人が被爆者だとは誰も知りませんでした。

　それから、ずっと後になって知ったのですが、彼女は結婚したものの、
被爆者だったことが分り離婚。被爆者の子は要らないと言われ、子供を
連れて、実家に帰ったのだそうです。

　晩年、彼女が私に電話をしてくれた時は、高齢で不安だから「被爆者
手帳」の申請をするので証人になって欲しいというものでした。

　私はあの、比治山や平和大通りの碑の前で彼女が話してくれたことを
丁寧に思い起こしながら証言させてもらうことが出来ました。何とか被

爆者手帳は交付してもらえたのですが、その後に癌に侵された時は、気付くのが遅く、被爆認定に間に合わなかったようです。享年77歳でした。

　原爆に振り回された彼女の生涯を考えると胸が苦しくなります。彼女こそ、幼児被爆者の苦悩を全身で受け止めた典型的な例といえるでしょう。理不尽な人生を歩まざるを得なかった。彼女の悲しみや苦しみを一体、誰がどのように贖えばいいのでしょう。いつも、元気に前だけを見ていた青春時代。彼女の笑顔が頭をよぎります。

　彼女と演劇部に在籍、似島学園の慰問に行き、二人で狂言を演じた時、観ていた子供たちが大爆笑。芝居が面白いからではなく、私たち二人がセリフを忘れて舞い上がっていたから……。そして比治山の清掃をしていた時も、二人だけが大きな箒を担いでヨロヨロ走る姿がおかしいと、皆に笑われていた……、そんな話を思い出しながら彼女がふと、漏らしたひと言、

　「友だちってええもんじゃね。のりちゃん、ありがとうね」。

　これが最後の言葉になりました。

小さな丘の大きな明日

　比治山の清掃ボランティアにもう一人、大切な友人がいました。2歳年上のM君です。彼は、広島大学の高名な教授を父に持つ秀才で、私が高校3年生の時、大学受験勉強を手伝ってくれた男性です。明るい性格のスポーツマンでしたから、清掃ボランティアで比治山に登るのも足が速くみんなを引っ張っていました。

　私の学生時代、両親は、お稽古事の他に家庭教師も付けてくれていましたが、ほとんど先生は親戚の人でした。いくら親戚でも桁外れに安いタダ同然の授業料で、私は気兼ねで仕方ありませんでした。

　そんな悩みを大学生のM君に打ち明けると、彼は「僕でよかったら」

と言ってくれたのですが、「でも、お金が払えなかったら、問題の解決にはならないわ」という私に、「大丈夫お金はここからもらうから」と、受験雑誌を取り出して言いました。当時の受験雑誌には難しい過去問題が沢山載っていて全問正解すると、奨学金として数千円もらえたので、彼が問題を解き、私の名前で応募。したがって私が払う授業料は本の代金だけでした。それでも彼はその奨学金の中から、参考書や眠気覚ましのチョコレートなど買ってプレゼントしてくれていました。

彼のお父様は大学教授でしたが、広島の高名な予備校でも教鞭をとり、多くの学生が押し寄せていましたから、私は彼が全問正解するのが自慢でした。優しくて美しいお母様は私たち二人のやりとりをいつもクスクス笑いながら、おかしそうに眺めていらっしゃいました。

彼は比治山を掃除する時は無心になって手を動かしていました。私が話しかけると「後で」といって相手にしてくれません。で、後でその理由を聞くと、

「この山を掃除するということは、自分の心を掃除しているんだよ……、云々」。

ニコニコ笑いながら説明する彼にまた、別の一面をみていました。彼は、将来は宗教関連の仕事について、世界中の人々と交流し、世界の平和に貢献したいと夢を聞かせてくれました。私は彼の夢を聞くのが楽しみで、無心になって、清掃に打ち込んでいました。

清掃が終わると、彼の話を聞きながら、比治山に咲く山菊や、榊の枝を手折るのを、彼に手伝ってもらい、祖母のおみやげに持ち帰っていました。祖母はそれを仏壇と神棚に飾って嬉しそうでした。

それから数年後、彼は大学を卒業し夢を実現するために、宗教家としてブラジルに渡り、風の噂で結婚したと聞きましたが、私は故郷を脱出していて、詳しいことを知るすべもありませんでした。

　晩年、彼は体を壊して日本で治療のため、家族揃って帰国。やっと彼と会う機会を得ました。時間がなくて長い会話は出来ませんでしたが、別れ際に、

　「お嫁さんもらったよ。ブラジルの人。誰かさんにそっくりだよ。仲良くしてね」。

　「マカセナサーイ！」

と私は少々オーバーアクションで彼に応えていました。

　結局、これが最後の会話となりました。その数カ月後に逝去。夫人はブラジルに帰られたとのことでしたが、一度もお会いすることもなく、詳しいことは分かりませんでした。後で母が、人から聞いた話として、

　「紀子のこと、好きだったらしいね、彼。お母様も望んでおられたらしいけど、被爆しとるので、諦めなさったらしい……。諦めていたのは、あんたの方だったのにね」。

　私はなぜか分からず涙が出て仕方がありませんでした。そんな昔のことをと思いながら、当時の「被爆者」について回るやり切れなさは、諦めることを当然として受け止める癖にあるのだと気付かされていました。

　―― どうして、被爆者だと言ってくれなかったのだろう。その理由は分かっているのに、どこかで拗ねている私がいました。

（2）20歳の決意

　昭和38（1963）年、私がやっと20歳を迎えた年の秋、段原の祖母（83歳）が亡くなりました。人生で初めて直面した身内との別れです。祖母の棺が霊柩車に向かう時、自分でも驚くほど、大きな声で泣き叫びながら棺に取り縋っていました。人目をはばからずの号泣。生涯において、

後にも先にもあれほどに大泣きしたことはありません。もう60年も前のことなのですが、思い出す度に、不思議に年月に反比例して、祖母と同化し近くなっていく気がしています。

　祖母は亡くなる数週間前に転げて腰を打ち入院していましたが、直接の死因は肺炎でした。入院していた病院は、段原通りの中ほどにありましたが、その頃、私は病院からほど近い、和裁教室に通っていましたので、3時にお稽古を終えて祖母のお見舞いに寄るのが日課でした。

　当初、肺病と聞いていたので、病がうつるからと、みんなが心配しましたが、そんなことは気にも留めず、祖母に会うのが楽しみでした。

　祖母はベッドから起きて私が来るのを待っていましたが、その頃の祖母は可愛い子供のようで、昔の私と祖母は立場が入れ替わったようでした。でも、静伯母さんは相変わらずで、なんだかんだと、祖母に心配させてばかり。

　祖母の病態が急変してからは、本家の伯母と母が交代で付き添っていましたが、静伯母さんは自分の気分と都合で来院。皆をイライラさせていました。それなのに、祖母の死に目に会えたのは静伯母さんだけでした。

　静伯母さんは、本家の伯母や、母のいない時間をみて、祖母に会いに行っていたのでした。そして、どんな時でも、祖母は自分のことより静伯母さんのことが、気がかりだったのです。臨終の間際まで静伯母さんの来るのを待っていたかのように静伯母さんの腕の中で息を引き取ったのですから。

　「お母さんが、もう少し病院にいてあげたら、お婆ちゃんの死に目に会えたのに……」と私が言うと、母は意外にも、

　「いいえ、我が娘に看取られてよかったのよ。静おばさんも最後の親孝行が出来たけえ、やっぱり、母娘じゃ」と言っていました。

　それから静伯母さんは我が家に来ることはほとんどなく、たまに来ると私の耳元で、「ありがとう、おばあちゃんに優しくしてくれて、本当にありがとう」というのが口癖のようになっていました。

　静伯母さんは、親不孝に見えても本当は、いつも、いつも祖母のことを気に掛けていたのです。祖母も静伯母さんを安心させるために私のことを話していたのでしょう。亡くなる数日前に静伯母さんに「紀子も、あんたの娘時代によう似てきた、ほんに優しゅうて」と、ポツリと言ったそうです。

　祖母が逝去して以来、私は静伯母さんが大好きになりました。しかし、彼女のせいで私の両親が受けた心の傷は取り戻せません。だから私は彼女のように家族に迷惑な生き方はしないと心に誓いました。

　「将来、私が結婚してもしなくても、私の兄弟が結婚したら、私は広島を出よう。親の近くにいてはいけない。親はどんなに良い嫁でも、娘と比較するし、どんな出来損ないでも自分の腹を痛めて、育てた娘が良いに決まっているのだから……。」

　兄弟の嫁に対して「小姑」にならない、どんな善意でも干渉しない、その代わり「親族に誇れる人間になろう」と誓った、「20歳の決意」でした。

　静伯母さんが反面教師になって教えてくれた、この誓いは、その数年後の「広島脱出」を決心する際の大きな引き金になっていきました。

お稽古に明け暮れて

　昭和37（1962）年、弟が中学を卒業して、兄と一緒に働くことになりました。父は、兄弟が働く姿を自分と富男叔父さんにオーバーラップさせ、感慨にふけっていました。

　その年は、私も広島女子商業高校を卒業しましたが、第1希望だった

京都の短期大学を諦め、大阪にある全寮制高校の家政専攻科に入学。寮長先生が高名な方で、被爆者だったからでした。そこで1年間学び、翌昭和38（1963）年、広島に帰って、そのまま両親のもとでお稽古事に専念していました。祖母が亡くなったのはそんな時でした。

　私は、小学校を卒業した頃から、華道、茶道、謡曲、仕舞、箏曲、料理などの多くの先生に師事してお稽古に通っていましたが、稽古事が楽しかったので、嫌だと思ったことはありませんでした。

　もともと広島はお稽古事の盛んな土地柄で、特に段原は古い家が多く、どこの家庭でも普通に子女をお稽古に通わせていました。そんな土地柄から、小学校のPTAの中にも、お稽古事の師範の免許を持った方が多く、私のお師匠さんも全部、段原の人で小学校の同級生の父母でした。

　段原は原爆の火災を免れたというだけで、放射能の影響を免れたわけではありませんから、被爆者手帳を所持している方々も多くいました。

　月謝が滞ることなどあると、同級生の彼らと目を合わせるのも嫌で避けて通りたい思いがありましたが、お師匠さんたちは月謝より稽古を辞めることを心配して、「月謝はいつでもいいから」と言って下さる方ばかりでした。どこの稽古場でも、通い始めた時は私が一番年少だったこともあって、他のお弟子さんたちも、娘か妹のように接して頂き、そのまま成長。やっと20歳になりました。

　それにしても、我が家に私を沢山のお稽古に通わせるほど生活に余裕があったとは思えません。どうして稽古を続けさせてくれたのか、その父の気持ちを知ることになるのは、そのずっとずっと後のことになります。

　それにしても、20歳になった途端にお見合いの話が来るようになりました。床の間にはいつも釣書（写真に添えて経歴書や家族調書のようなもの）が積まれていましたが、しかし、それを両親は、私に無理に見

せようともしませんでした。

　母は時折、釣書に目をやりながら「お稽古の時、見初めてもろうたんかね」と言っていましたが、相手の人は地元の自営業の跡取りが多く、中には私のように、家族で被爆した方もいましたが、どなたも当時としては、豊かに見える方ばかりでした。

　母は「我が家はよほど、分限者（金持ち）に見えるんじゃね」と、笑いながら、「心配せんでもええ。上手に断わってあげる」私の不安を先回りして言っていました。

腑抜けになっていく父

　その頃、父はマツダの東洋工業の下請けを中心に請け負っていましたので、景気に大きく左右されていましたが、工場も順調に運営できるようになっていました。その大きな原動力になっていたのが、兄と弟でした。しかし、父は次第に腑抜けになって行くようでした。

　最初は兄が弟に仕事を教えるのに、父は自分が口を出さないようにすることで、兄弟が早く仕事を覚えて欲しいと思っていたようでした。そのうち彼らが仕事をこなせるようになると、安心感より自分の存在感の喪失へと繋がって……。祖母が亡くなると、父は一段と母に当たることが多くなりました。

　その頃、母は父にどんなに叱られようが罵倒されようが、昔と違って相手にしなくなっていました。母の父を無視した無言の抵抗は、ますます父のプライドを傷つけ、孤独感を煽っていました。

　父は、仕事を息子たちに譲れば、みんなに労われ母とも穏やかに向き合えると思ったに違いありません。しかし、現実は、息子たちが仕事を継いでも、多くの借金があったので、家計は相変わらず母がやりくりしていました。母でなければ手形を割ってくれない会社ばかりでしたが、

それも父の仕事を信用してのことなので、母は借金が無くなるまでは父に働いていて欲しかったようです。

「早く借金を無くして、息子たちにお嫁さんをもらってやらねば」というのが、母の口癖でした。

「嫁に私のような苦労はさせられん、本来なら商売しとれば借金の一つや二つは当たり前なんよ。だけど、うちは私にしか出来ない支払いが、ぎょうさんあって、恥ずかしいのよ。メチャクチャでね。借金の中身も、支払いも、人が見たら丼勘定じゃけえ。私しか分からんのよ」。

親戚にも会社を持っている人たちも沢山いて、帳簿の付け方くらい教えてもらえたはずなのに、母は帳簿を見せるのが恥ずかしいからと誰にも相談しないで、我流で付けていました。誇れるような学歴があるわけでもなく、商家で育ったわけでもない母が、旧式の大きな計算機と格闘しながらつけていたノートは、帳簿とは程遠い落書きメモに近いものでした。

私もソロバンは苦手ですが、一応、広島女子商業高校で簿記検定も受けていたので、少しは母の役に立てるかもしれないと、両親の留守を狙って帳簿を覗いてみることにしたのですが……。ページを捲った途端、そこに挟まれていた請求書の山を見てビックリ仰天。言葉にならないショックを受けてしまいました。

仕事の材料や、銀行の催促なら分かるのですが、見たこともない、宝石や着物などの贅沢品や、父の行きつけの飲み屋の請求書が何軒もありました。それらは、こともあろうに、母の知り合いの店ばかりでした。

飲み屋の請求書は同業者と利用するなじみの店でした。父はその中の一軒の飲み屋の女将さんに、いくらでもない飲み代の代わりに、宝石や着物の保証人にさせられ、その責任を払わされていたのです。

その女将さんは月末にはいつも飲み代の請求書を持って来ていたの

で、私もよく知っている女性でした。

　母は、妻として情けない思いをしたはずなのに、店には自分に買って
もらったのだと嘘の説明をして、約束通りローンを支払っていたのです。
私は母が帳簿を人に見せられないといった意味が、やっと分かった気が
しました。

　確かに名目の立たない負債ばかりが増えて、収入が安定していないの
だから、「どんぶり勘定」にしか出来ない現実。みっともなくてちゃん
と明記出来ない内容。メチャクチャ帳簿の意味を納得していました。

　それでも父はその女将を責めるわけでもなく、母に尻拭いをさせて平
然としていました。が、その後、彼女に決定的に打ちのめされる事件が
起こりました。

　その女将は、給料の支払いに困窮している両親の足元を見るように、
「手形を割ってくれるお客さんを紹介してあげるから」といって、多額
の手形を持ち逃げしてしまったのです。それも結局、母が親戚を走り回っ
てお金を用立ててもらい、事なきを得たのでした。そんな母に私は、イ
ライラしていました。

　「どうして？　なんで、そこまでするの？　ねえ、お母さん！」

　「どんなに弁解しても、人は騙されたとは思わない、笑いものになる
だけだから」

と、母は情けなそうに溜め息をついていました。

　「そうか、お父さんがあの人と関係があるって言われるのか……。」

　「本当に関係あるなら、まだ我慢できる。じゃけど、あの女はタダの
詐欺じゃ！」

　"借金が無くなったら兄のお嫁さんをもらう"という願いだけを心の
拠り所にしている母の気持ちを思うと、私は無性に父が腹立たしくなっ
て来ました。ずーっと以前に、父があの女に掛けていた言葉を思い出し

168

たからです。

「あんたもピカ(原爆)にやられて苦労したんじゃのう。また何か、困ったことがあった時はおいでなさいよ。がんばんなさいの。」

父は約束していたのです。被爆したと嘯いていた、あの女に……、父は。

明日が見えない！

昭和39（1964）年1月。工場の仕事が忙しくなるにつれ、父のお酒の量は増え、自分を無視する母への怒りは孤独感を伴ってエスカレートするばかり。その不満の原因の多くは私にありました。

私は、広島女子商業高校を卒業した頃から体調が整わず、どこが悪いというのではないのですが、急に気分が悪くなったり、疲れたりして座り込みたくなっていました。それは忘れかけていた幼いころの症状に似ていました。

一番辛いのは誰にも言えないことでした。病院でレントゲンを撮っても、熱を測っても異常は無く、外見も何もないので、怠け者としか思われないことが分かっていたからです。父でさえ、気付いてはくれなかったのですから。

当時、父の工場では兄と弟の他に若い職人さんが働いていましたので、その人たちの手前もあって、父は私に対しても厳しくなっていました。私が朝、起きられないでいると、

「嫁入り前の娘が、みっともない、早起きして台所を手伝いなさい！」と叱り、母に向かって大きな声で、

「娘の躾くらいちゃんとしろ！」と怒鳴るのでした。その度に母がそっと、私のそばに来て「ごめんね」と言っていました。

母は私の体のだるいことを感じとっていたようですが、その原因が、

自分が被爆させたためだと思っていて、事あるごとに謝っていたのです。

　その頃、中広町の祖母も原爆症の症状が出て体の調子が悪く、もう２〜３年も床に伏していましたので、母は気が気ではなかったと思います。

　それに、母自身もしんどかったはずです。その頃、母はストレスによる肥満で小さな体が相撲の力士のように太っていました。血圧も異常に高く、心臓もかなり弱っていたはずですが、私は母に心配かけまいとして自分が我慢するのが精いっぱい。母の体のことまで気が回らないでいました。

　ちょうど、その頃、東京の出版社で編集部に勤務していた学生時代の先輩が、お正月休暇を兼ねた取材で、広島に帰省していました。就職の相談をすると、彼女の会社で「庶務課で非正規の社員を募集しているから」と誘ってくれました。

　私はすぐに行きたい！　と思いました。私が広島にいると母が、何かにつけて父に叱られるからです。私は、母の自慢の娘になろうと子供の頃から誓っていたのに、現実は父を怒らせてばかりだったのですから……。

　寮だけはあるというので、詳細も聞かないまま決意しました。これを逃したら私は生涯浮かばれないような気がしていました。上手くいけば、兄弟が結婚しても、離れているので、小姑にならずに済むかもしれません。それに、何となく広島にいては、就職は出来ないと感じていました。被爆者は入社試験の前に書類審査で落とされると、皆が言っていたからです。

　本当のことを言えば、以前、両親に内緒で新聞広告にあった紙屋町の小さなオフィスに面接に行ったことがあるのです。誰でも出来そうなやさしい仕事なのに、被爆者と分かった途端に雇用条件を厳しく呈示されショックでした。その時の屈辱を思い出し、皆の噂を改めて胸に刻んで

いました。

広島脱出

　昭和 39（1964）年 5 月。広島を脱出。21 歳の私が勤めることになっ
た会社は、当時、東京上野にあった出版社で、一般向けの雑誌の他にも、
宗教団体の婦人向けと青年向け雑誌も発行していました。社員は 40 〜
50 人いましたが、当時の出版業界、特に編集者は記者も兼ねていて憧
れの職業でした。朝から晩まで、いいえ、夜中でも不夜城のごとく編集
室の電灯は消えることなく、社員は締め切りに向けて、原稿を書き続け
ていました。

　まだパソコンが普及する以前のことですから、鉛筆でひたすら書きな
ぐり、当然のように徹夜を続けていました。

　私は非正規社員で雑用係、庶務部に配属だと聞いていましたが、会社
の女子寮に入ってとりあえず、正式の辞令を待つことに。

　初めて足を踏み入れた編集部は戦場そのもの。難しい編集用語が怒号
のように飛び交い編集者は同時に 2、3 本の受話器を手にし、掛け持ち
で対応していました。私は異次元に放り込まれたようで、とんでもない
ところに来てしまったと頭が真っ白。何をすればいいのか分からず呆然
としていました。

　翌朝、皆とフロアの掃除など済ませていたら、近くの机で男性が「お
茶くれる？」と呼んでいました。早速、その場にいた他のスタッフにも
お茶をいれるうちに、広島の我が家はどんなに貧しくても、とりあえず
工場の人と一緒にお茶の時間を大切にしていたことを思い出していまし
た。

日本一のお茶くみになろう！

　編集者はコーヒーを好む人が多くいましたが、煎茶、番茶、水ばかりの人もいました。そこで、まず、40人のスタッフの名前を覚え、それぞれのカップを覚え、好み（熱い、ぬるめ）、習慣（朝はコーヒーで、午後は煎茶とか）等、出来る限りのデータを自分の頭に叩き込もうとしていました。

　―― やるなら、日本一のお茶汲みになろう！

　何か一つくらい、誇れるものが欲しかったのです。しかし、お茶を入れる時間は、なかなかありません。

　ワープロもパソコンもない時代でしたから、原稿はすべて手書きです。書きなぐりの原稿が方々に散乱していました。

　雑用はすべて女子社員の仕事でした。すべての机上の鉛筆立てを点検して、エンピツがすぐ使えるよう芯の折れたものや短くなったものは、掌を真っ黒にして削って回ります。見渡せば、たばこの吸い殻も半端ではなく、たくさんの灰皿はいつも吸い殻の山でした。そんな中をお客様は出たり入ったり。お茶を出したり下げたり、そして電話は引っ切り無しに掛かって来ます。それでも1回目のベルが鳴り終わらない間に受話器を取るのを鉄則としていました。

　私は雑用係ですから、お茶ばかり入れているわけにもいかない現実に茫然自失となっていました。

　2、3日経ってもまだ辞令が下りませんでした。早朝、各々机の上に散乱していたカップや湯飲みを洗うため、灰皿と共に回収していた時、中年の男性が、ひょっこり顔を覗かせ、入り口付近の机の前に座ってこちらを見ていました。

　てっきり夜勤明けのビル管理室に勤務の人だと思って、「お疲れ様で

す」と、お茶を入れてあげることにしました。

　そうしたら次の日に「K」と頭文字入りの自分のカップを持参されたので、私は勝手に「Kさん」と呼ぶことにしていました。

　ところが、このKさんが、翌朝、編集局長として私の前に現れたので、私は腰を抜かしそうでした。局長は、同じ階にある応接室兼局長室で執務をとり、忙しい時にはそこで徹夜。応接用のソファーで仮眠をとっているのだとか。私がお茶をお出ししたのは、その徹夜で原稿を書いている最中だったようです。

　Kさんは、有名雑誌社から、引き抜かれてこの会社に来たのだそうです。ペンネームで、映画のシナリオや週刊誌の連載記事を書いていました。

　当時、著名な文筆家の人たちがKさんを「先生」と慕って頻繁に出入りしていました。

　このKさんとの出会いが、後に私の人生を大きく決定づけることになるのですが、この時は、あまりに偉大なKさんの存在を前にして想像すら出来ませんでした。

　Kさんが編集部に顔を見せた日から2〜3日して、私の正式な辞令が下りました。

　主婦の組織に向けて発行されている雑誌の編集部所属、見習スタッフでした。

　以来、私は編集とは、どんな仕事かも分からず、ただ夢中で、目の前の雑用をこなす日々が続きました。眠たい目を擦りながら、両親に手紙を書くのも辛い日々でした。文面は決まって、

　「元気です。楽しく仕事をしています。皆に親切にしてもらっています」。

　そして、その日は特別に最後に一行、「一番偉い局長さんは広島出身

の被爆者です。ご立派な方で皆は先生と呼んでいます」と付け加えていました。

　それは、会社の人たちが、「K先生の御髪が少ないのは、広島で原爆に遭われたせいだ」と、話していたからです。

すれ違う想い

［はじめての休暇］

　庶務部の雑用係として採用されたはずが、編集部に変更されたのは、局長Kさんの配慮だということはすぐにわかりました。取材で広島に帰ることもできるし、私が担当した本を母が手にすることで繋がることができるからです。

　廊下や階段ですれ違った時など、ちょっと足を止めて「（体は）大丈夫？ 無理するなよ」と声をかけて下さっていたので、被爆者であることも意識の中に置いて下さっていたのでしょう。

　昭和40（1965）年秋、取材の名目で、広島に帰るチャンスを頂きました。家族に会える喜びは勿論ですが、私にはどうしても両親と話し合って決断しなければならない問題が浮上していました。結婚です。私の返事を、もう何年も、待って下さっている人がいるのだそうです。昨年の秋に開通した東海道新幹線で大阪まで行くことが出来、両親によい土産話が出来ました。

　久しぶりに降り立ったふるさとの広島駅は12月の新装オープンを控え、古い駅が地上7階、地下1階のビルになって、急ピッチで最終工事が行われていました。5月に平和大通りが全通したばかりでした。

［親心］

　両親は、嫌なら断ってもいいが、それなりの理由が必要だというのです。もし別に好きな人がいるなら言え、と。

　父の本心は、「地元の人で、しっかり生きている人なら、被爆者であろうが、なかろうが、問題ではない。むしろ被爆者の方が互いをいたわり合えるはず。だから、ちゃんとお見合いをしてみなさい」と。地元に（親の傍に）いて欲しいという想いをひしひしと感じていました。

　私の兄も被爆者ですから、兄の配偶者となる人と私を重ね合わせているのでしょうか。親の心配は有難いと感じながらも、だからこそ、広島を離れたかったのですが……。

　数か月前に母は父に内緒で手紙をくれていました。

　「―― 後悔しないように自分で決めなさい。私のように親の言うなりにして、結局、分かりあえないままの夫婦で歳をとる。こんな悲しいことはありません。勇気を出してＳさんにも事情をお話してごらん」。

　Ｓは、母がお気に入りの男性で、2年前から付き合っている人でした。私が大阪の学校の寮に入っている時、彼の寮が近くだったので、顔みしり程度でしたが、私が卒業し広島に帰ってから、彼に手紙をもらいました。学則が厳しかったので、気を遣っていたのでしょう。

　彼は大阪にある楽団のコンサート・マスターをしながら、寮では楽団員の技術指導をしていました。一年の内の多くを演奏旅行で寮にいることは少ないのですが、私が出版社にお勤めを始めても、手紙のやり取りは続いていました。恋愛といえるかどうかは分かりませんが、なかなか逢えない長距離恋愛の見本のようでした。

「私は被爆者です」

　ともあれ、母の言う通り、彼に事情を話そうと思いました。話す内容は一つだけです。「私は被爆者です」この一言に全てを賭けていました。

　母が「勇気を出して」と言った、「勇気」とはこのことだったのですから。

　意外にも彼の答えは簡単で「知っているよ」と言ってニコニコしていました。私は厳格な両親のことを気にして「お父さまは？」とたずねると、「その親父がね、一瞬で十数万の人々が亡くなった原爆で生き残って、お前の前に現れたお嬢さんなら、我が家に命の尊さ、平和の大切さを伝える使命を持っているに違いないから“金のわらじ”を履いてでももらいなさいと言ってくれましたよ」と、彼は嬉しそうに、万遍の笑みを向けて言いました。

　当時、彼の父親は邦楽の演奏家で、いくつかの稽古場を持ちながら、邦楽協会の地方の会長をしていました。

　── 私は、彼のことはよく知らないかも知れない。でも、こんな立派な父親に育てられた人なら、良い人に違いない。何より、広島を離れることが出来ると思うと、S以外の他の人のことは考えられませんでした。

　しかし、父はSのすべてを認めながらも、首を縦には振りませんでした。母が彼の父親の思いを伝えてくれたのですが、それが、逆に父を頑なにしてしまいました。

　「先方は今の元気な姿が生涯続くのを前提に、まるで当たりくじでも引いたように耳障りの言い言葉で紀子を追い詰めとる。原爆の本当の恐ろしさを知らんのは無理のない話としても、普通の夫婦ならどちらが病になったら、夫婦でいたわりあって努力するはず、紀子は極限まで努力をする娘じゃ。ほじゃが、ピカでやられた体は努力ではどうにもならんのじゃ。わしが心配しすぎかのう？　……。」

　父は泣いていました。泣きながら心情を吐露している姿に、ただただ、申し訳なくて何も言えませんでした。父は感じないふりして、普段の私をズ～っと見ていてくれたのです。母の苦しみも知っていたのです。

　広島での両親との話し合いは、何も解決出来ないまま東京に帰りまし

たが、その直後に中広町の祖母が原爆症（白血病他）で逝去。広島で、祖母を見舞わなかったことが、悔やまれてなりませんでした。享年76歳でした。

中広町の祖母の家で一緒に被爆し、黒い雨に濡れながら焦土の中を逃げ回った祖母の姿は、母からも、十日市の伯母からも、そして年上の従兄弟たちから、耳にタコが出来るほど聞いて育った私です。祖母は5年余り寝ていたのに、十日市の伯母がお見舞いに行ったその日に亡くなったのだそうです。

昭和41（1966）年7月。Sとの結婚準備のため、とりあえず、出版社を退職。広島に帰ることにしました。

父は快諾してくれた訳ではありませんでしたが、そのうち、母と嫁入り道具の展示会などにも足を運び、色々整えてくれていました。Sが家業を継ぐというので、広島中の和楽器店を訊ねて歩き「ワシが広島で一番いい箏を選んでやる」と言いながら。だんだん、普通の親ばかに近づいているように見えました。

（3）誰も知らないところで

哀しい結婚式

昭和42（1967）年春、私たちは、背負いきれないほど多くの問題を抱えていましたが、ともあれSと結婚を決意。挙式は大阪で挙げ、寮の近くの古い職員住宅で新婚生活を始めることになりました。

実は、当時の二人には、成し遂げたい夢や計画が山のようにありましたが、まず、結婚をして、親を安心させてから具体的な行動に移そうと二人で決めていました。

当初、彼は親の家業を継ぐはずでしたが、婚約した途端に彼の弟が継

ぐと言い出し、父親もそれを認めたので、自分は東京に行って音楽の勉強がしたいと言い出しました。東京にあてがあるわけでもないのに、それを結婚前に私の父に話せば結婚そのものを反対するに決まっています。ですから、仕事のことはすべて二人の胸に収めたまま結婚式を挙げたのでした。父は何かを感じ取っていたようで、結婚式の当日になっても、母に「ワシは賛成しとるわけではない」と、笑顔を見せません。

　夢にまで見ていた「花嫁の父」として、一世一代の舞台だったはずなのに、披露宴での父の振る舞いは、夢とは程遠いものでした。父は司会者から渡されたマイクを握りしめたまま、直立不動で無言のまま、肩を震わせていました。結局、父は来賓客への挨拶はおろか、彼の両親とも口をききませんでした。

　周囲の人はハラハラドキドキしたに違いありませんが、父にはそれが精一杯だったのです。父は広島の自宅から大阪の式場までどんな思いで辿り着いたのでしょうか。私は心の中でひたすら父に詫びていました。

明日に向かって

　その年の暮れ、楽団に辞表を提出して脱出計画を決行することにしました。引っ越し最後の荷物の送り出しに取り掛かった時のこと。彼は自慢のサックスとクラリネットを大事そうに梱包していました。私はそれを見て「夫はやっぱり、奏者に未練があるのでは」と、急に不安に襲われていました。すると彼が、

　「どうしても仕事が見つからなかったら、これを吹くよ。一緒に“チンドン屋”をしよう。僕がピエロの恰好をして、これを吹くから、あなたは、着物姿に厚化粧してビラを撒くの、やる？」

　私は「やる、やる‼」と、嬉しくて飛び上がっていました。ピエロになるのが嬉しいわけではありません。彼がそこまで覚悟をしていること

が嬉しかったのです。

　昭和43（1968）年の新しい年が明け、私たちは東京に向かう新幹線の中にいました。

　私は車中で、ずうっとK先生の言葉を思い出していました。実はK先生は、私が出版社を辞めてすぐ、ご自身も辞職されていたのです。先生はご自分が辞めることは一言も言わないで、ただ、私に、被爆者の心構えをお話し下さっていたのです。当時、被爆者は就職することも、結婚することも難しく、まして大学に進むことは夢のまた夢、普通でも大変な時代ではあったのですが……。

　「被爆者は就職するのも、結婚生活も苦労が多いかもしれないが、諦めてはいけない、一にも二にも、実力をつけなさい、学歴が必要な履歴書なんか出さなくてもいい、自由業主になって、自分が自分を雇えばいいのだから。努力することを希望に置き換えて、そうすれば被爆者であることはどうでもよくなるから。誠心誠意努力していれば、必ず認めてくれる人が現れる。君が仕事を愛していれば、必ず仕事が、君を愛してくれる。それを信じなさい」と。

　人生で初めて被爆者としての自覚と覚悟を心に刻んだこのK先生の言葉は、天の声のように私に響いていました。私は広島を出るとき、「被爆者を理由にして、逃げない」と心に誓っていたのですから。

　その時、私は初めて気が付いたのです。K先生は、このことを教えるために学歴のない私を編集部に配属されたのだと。この時代の編集者は大学を卒業していることが最低条件だったのですから。そして先生は私が守るべき条件として、

　「本来なら履歴書に書くべき"学歴"を、後払いにして編集者になったのだから、何年かかってもいいから必ず"学歴"（学位）を取得して借りを社会に返しなさい」　と。私はこの約束を心に深く刻んでいまし

た。

　そして一番大切なことなのに、知るのが怖くて耳を塞いでいること。彼が家を継ぐという条件で婚約したのに、婚約した途端に方向転換した理由です。それは、彼が結婚式を親に頼らず、すべて彼の貯金で挙げたことと関係があるのでしょうか。

　私は、そのことで彼が無一文になったのが恐いのではありません。耳を塞いでいたのは、理由を知ったところで、その原因はすべて私にあり、だからといって、私にはどうすることも出来ないことだと分かっていたからです。

　この現実を、一番心配して、泣いていた父。それでも私は何かにすがりつきたい気持ちを必死で堪えて、呟いていました。

　「明日がある、きっと晴れる明日がある」と——。

痛みのなかで

私は私だけの文字を書く
誰にも読めない文字を書く
ふり返り　ふり返り
私だけの愛を書く

あなたはそれを読もうとする
読めないはずを読もうとする
あなたは決まって読めたふりをする
「ヒバクシャ！」と大きな声で読み上げて
なぜか読めたふりをする

ふり上げた拳の中で慟哭している私の愛
やり場のない憎しみとなって足元に絡みつく
その一つ一つを解きながら、なお
私は私だけの文字を書く

今度こそは　今度こそはと
あなたに読めない文字を書く
生きている私の愛を書く

昭和 45（1970）年 暮れ
（山中茉莉詩集『歳月への手紙』より）

IX. 私を生きる

昭和44 (1969) 年～

（1）まなざしの中で

哀れみの刃

　昭和44（1969）年、夫は作編曲家を目指し、高名な先生にやっと弟子入りすることができました。世の中は翌年の万国博覧会に向けてイザナギ景気に沸いていましたが、私たちは、これから何年間は無給を覚悟しなければなりません。夫は弟子入りした翌日から仕事に入り，徹夜で先生の家に泊まり込む日が続きました。その後、弟子の立場で先生のアシスタントを10年間務めることになります。

　私はK先生の約束を守り、パートではたらきながら、ライターの勉強をしていましたが具体的な仕事を頂くチャンスはなかなかありませんでした。

　自由業だからといって、自由な時間があるわけでも、自由に仕事が選べるわけでもなく、どんな仕事でも来る仕事を所定の締め切りに間に合わすのが自由業だということも、少しずつ理解し始めていました。

　それでも私は、時折襲ってくる身体の怠さに耐え、誰にも気付かれないように振る舞っていました。笑顔を忘れずオシャレは出来なくてもイ

メージだけでも明るく健康な私でいたいと精一杯、頑張っていました。しかし、その努力はかえって自分を生き辛くしていることに気づいていませんでした。

　一方で、どんな仕事でも嫌と思ったことはないのですが、次第に、都会の中で蠢いている、ある種の偏見に被爆者特有の生き辛さを感じはじめていました。まだ東京に来て1年経ったばかりだというのに……。

　当時はすでに終戦から20年以上経っていましたが、どこに行っても（広島弁のせい？）広島の出身だと分かると、決まって「原爆は？」と、訊ねられ、被爆者だと答えると意外な顔をして「そんなに元気なのに？」とか。あからさまに「原爆手帳もらえて得をしたね」と言う人もいて、その度に困惑していました。

　広島では、周囲に被爆者が多かったこともあり気が付きませんでしたが、こちらに来て、被爆者と言うとみんなケロイドがあったり、手足が不自由だったり、体の具合の悪い人という外見の先入観を持たれていることが分かってきました。

　被爆者への偏見は放射能の理解が乏しいことと相まって、放射能が目に見えないことからきていることを痛感していました。本当は目に見えないことそのものが一番怖くて辛いことだったのに……。

　上京して間もない週末。混雑する新宿の西口広場で、若い人たち数人が、被爆者へのカンパを募っているのに遭遇しました。

　一人の若い女性が粗末なゴザに土下座して座っていて、その首には被爆者の全身ケロイドの痛々しくも無残なパネルをぶら下げていました。その上、女性の前には丸い器が置いてあり、道行く人がお金を投げ入れる度に、辺りで2～3人の女性が「ありがとうございます！」を連呼。

　"なぜ、こんな真似を？"私は衝撃を受け唖然としていました。「被爆者は、見せ物じゃない」「被爆者は乞食じゃない」、ましてや「被爆者

は罪人じゃない！」その昔の罪人が御白洲に座らされているみたいで、「被爆者を愚弄しないで！」と叫びたい気持ちでした。

　ふと振り向くと、後ろにいた若い女性が「折り鶴」を折って下さいと言うので、理由を聞くと、自分たちはボランティアで、ここで、集めたお金も折づるも千羽鶴にして、被爆者に届けるというのです。その顔は、誇らしげでした。

　「私も被爆者ですけど」というと、逆に「嘘つき」と言わんばかりに若い人たちはボソボソと話しながら離れていきました。

　勿論、本人たちは善意で取り組み、それが自己満足だけで、悪気はないのだと思いながらも、当時の私は若く、寛容になれずに、偏見に染まった哀れみの刃は、グサリと私の胸に突き刺さっていました。

　また、ある集まりで夫が、何かの話のついでに「妻は被爆者」と言ったトタンに、大勢に囲まれいつの間にか「気の毒なご主人」にされてしまいました。そして、自宅にも夫への励ましや、メッセージが届き、夫は「なんで？」と頭を抱える始末。もし、私が参加していたら、（見た目は）元気な姿に怪訝な顔をされたに違いありません。私は馴れているし、我慢できますが、このままでは、夫に迷惑がかかるとそればかりが心配でした。

　漠然と人々が描く被爆者のイメージは原爆投下直後のケロイドと貧困に象徴されるものばかりでした。

　宗教団体を名乗る怪しげな人たちの、「先祖の不徳」だとか、「被爆したのは前世の罪ごと」という類には、反論する気にもなりませんでした。

　両親に心配かけたくない一心で、頑張っているのに……。

　「もう嫌だ！」と何度も思いながら、その度に何のために広島を離れたのか反省ばかりしていました。そして出した結論が、「被爆者の私を捨てる」つまり、「被爆者であることを隠して生きること」でした。本

心を言えば，自分が卑屈になっていくようで、情けない気がしていました。

　私が今まで、被爆者を隠さなかったのは、父の信念に背きたくなかったから。父の口癖が「被爆者は悪いことをしたわけではないのだから堂々としていなさい。体を大事にして人間として恥じない生き方をしなさい」だったからです。

　私はただ、普通に生きたい。そのためには努力を惜しまないと誓った日の事を思いだして、金輪際、同じことで悩まない、怒らないと心に固く言い聞かせていました。

ペンネーム

　昭和48年（1973年）上京して5年が経ち、私は30歳になっていました。

　5年の間に沢山の会社でパートタイムのアルバイトをしながら、詩人の薮田義雄先生（1902〜84）に弟子入りして抒情詩の勉強を始めていました。

　薮田先生は詩人の北原白秋先生（1885〜1942）に師事し長年秘書を務めたかたでした。薮田先生は私を最後の弟子として受け入れて下さいました。このころには私も、歌謡界や詩壇にも大勢の知り合いが出来て、仕事の足掛かりも出来つつありました。

　薮田義雄先生には被爆者だと打ち明けると、先生は被爆者であることから逃げるのではなく、被爆者の坂下紀子を支えるためにペンネームを提案してくださいました。当時、姓名研究者と薮田義雄先生など先輩詩人が話し合って私の筆名を「山中茉莉」と名づけてくださいました。

幻の柳道子

　ペンネームといえば、その 2 〜 3
年後に、フランス文学者の平野威馬
雄先生（1900 〜 86）から、ご自身が
主宰している詩の同人誌『青宋』に
お誘いを受けました。先生は私に「柳
道子」というペンネームまで付けて

平野威馬雄先生と

下さったのですが、しかし、気が付けば、「青宋」の詩作をそっちのけで、
先生の「お化け」やら「ＵＦＯ」に夢中になっていました。先生は「青宋」
以外に「お化けを守る会」や「ＵＦＯの会」などユニークな会を沢山作っ
ていらっしゃいました。

　平野先生は終戦後の 1953 年に「レミの会」という混血児を救済支援
する会を立ち上げておられたので、成人したその児たちも来て、平野家
はいつも楽しい愛と平和を未来に繋ぐ夢いっぱいの庭でした。

　その頃、先生の長女でシャンソン歌手の平野レミさんは、イラストレー
ターの和田誠さん（1936 〜 2019）と結婚したばかりでしたが、皆が集
まる時は、渋谷の和田さんの家から松戸の実家まで来て美味しいお料理
をいっぱい作って、もてなして下さっていました。

　私と歳が違わないのに、料理の味もセンスも抜群でいつも羨ましく
思っていました。後にレミさんがテレビの料理番組に出るようになり、
「やっぱり」、「当然」と大納得して自分事のように誇らしく思ったのを
覚えています。

　当時、平野先生は仏文学者でありながら、一度もフランスに行ったこ
とが無いということで、「ヨーロッパのお化けに会いに行こう」と、先
生ご夫妻と少人数のツアーを組み、古いお城やフランスの詩人たちの眠

るお墓巡りをしたのも楽しい思い出です。平野先生ご夫妻からは、結局、平和であることが如何に大切で素晴らしいことかを骨の髄まで教えて頂いた気がしています。

フリーランスへのこだわり

　気が付けば、期間限定の非正規社員、いわゆるアルバイトで入社したのに、「社員になりませんか」と言って下さる会社もありました。が、正規社員の話が出ると出来るだけ早く会社を辞めました。普通に考えればもったいない話になるのでしょうが、私は被爆者です。自分の体を管理しながら、周囲に気付かれずに、親を安心させる働き方はフリーランスでなければ手に入らないことを自覚していました。

　私がいつも望んでいたのは、「被爆者」から逃げるためではなく、「被爆者を生きるため」フリーランスで仕事をしたい。だからといってフリーランスで、生涯貫ける職種はそう簡単にはありません。私はK先生の示して下さった、媒体編集を含めたライターの道を選ぼうとしていました。

　ライターになる近道だと思って入った新聞社も管理職に抜擢されると、仕事の内容も営業、接客など全く違っていたことに気が付き退社しました。

　そのうちゴーストを含め、シナリオや、作詩もてがけるようになって、ふと気が付いたのですが、私は知らず知らずのうちに、K先生が関わっておられた仕事の後を、無意識に追いかけていたのでした。

　K先生は、よく編集室の片隅で映画のシナリオや、レコード会社に頼まれて歌手に詩を提供していらしたのを憧れの眼差しでみていたからでしょうか。

　やがて、そのシナリオがご縁で、映画監督の岩内克己先生（1925〜

2023）に専門学校の非常勤講師を紹介していただきました。それを機に、他の専門学校や大学の非常勤講師も引き受け、結局 20 年近く講師を副業にしていました。この非常勤講師は学位や修士がなくても専門ジャンルの見識や貢献が認められれば採用してもらうことができました。

　私は、やっと気が付いたのです。子供の頃から窮乏生活の中で、父の工場が倒産の危機にあった時さえも、ズ〜とお稽古事に通わせてくれた父の本心。

　被爆者の私が、誰にも奪われることのない生きる覚悟を財産として身に付けさせてくれていたのです。

　この生きる覚悟を読み取ったＫ先生が、自分も被爆者という立場から、具体的な方法論として、フリーランスという選択肢のあることを私に気付かせてくださったのでした。

　その後、先生は退職して何度かの転居を繰り返されたので、先生にお会いするチャンスもなく、長い年月を経て風の便りに、病気で（原爆症かどうかは不明）亡くなられたことを知りました。

　「山中茉莉」は、両親とＫ先生の眼差しの中で生まれ、被爆者を必死に生きる「もう一人の私」なのです。

貧者の豪邸暮らし

　私がフリーペーパーのレポーターをしていた昭和 53（1978）年に、高井戸のアパートから同じ杉並区の荻窪に引っ越しました。

　夫が作・編曲家として独立したものの、アパートでは狭すぎるので、ピアノの置ける仕事場を兼ねて、広い一軒屋を借りました。交通も便利な駅の近くを少し入った古い屋敷の並ぶ住宅街のなかにありました。

　周囲の人たちは、「そんな豪邸を借りて、高い家賃を払うより、ローンでマイホームを持つべき」と口を揃えて助言してくれましたが、しか

し、私たちは自由業です。それも独立したばかりで貯金も無いし銀行の
ローンを組めません。それに将来、欲しいのは広い家ではなく二人でつ
つましく穏やかに暮らせる家。人生の一番大切な今を、活かしてくれる
「住まい」が必要でした。人が集まることが財産になるという信念みた
いなものがありました。

　まず、お客様を呼びたい、皆が話の花を咲かせる心地よい空間、この
空間に幸せの種を撒きたい、広島の両親が元気なうちに呼んでやりたい、
「今でなければ」の、どうしても欲しいもてなしの空間としての我が家
でした。

　そして何よりの成果は十日市のお京伯母さんと母が連れ立って来てく
れていたことでした。

　母と伯母は中広の実家で被爆して以来、助け合い支えあいながら生き
て来たので、何でも考えることが同じ。双子の姉妹のようでした。その

大の仲良しだった母（左）とお京伯母さん（右）

二人が、我が家に来る度に、私の
姿をみては、子供のように泣きじゃ
くって喜んでいました。

　伯母は私にとって大切なもう一
人の母。二人の笑顔でいつも救わ
れた気がしていました。

　荻窪の借家に一番乗りで来て下
さったのは平野威馬雄先生ご夫妻
でした。沢山の友人を招くために
普段は質素倹約、“つもり”のお
金（美味しいものを食べたつもり、
コンサートに行ったつもり）をへ
そくりながら、おもてなしを考え

るのが、当時の私のたった一つの楽しみでした。

　友人たちは、大勢で来てくれて、話の花に実をつけてくれ、夫婦にいい仕事と沢山の思い出を紡いでくれました。

　大家さんが大学の教授をしておられ、保証人もいない夫婦を信用して貸して下さったのは幸運でした。

　昭和63（1988）年、10年間住んだ荻窪の家を出なければならなくなり、バブル真っ盛りの中で、狭いながらも、マイホームを取得しました。

　所沢の「トトロの森」のすぐ側に引っ越しました。比治山とよく似た森の高台です。山道に沿って10分も歩くと美しい多摩湖（人口貯水池）があります。両親が来るたびに足を運んだ場所です。

（2）心の拠り所をもとめて

誇れる仕事

　フリーランスの山中茉莉として生きていくために誓ったことがありました。どんな仕事も絶対に断らない、戴く仕事は謙虚に感謝して打ち込もうと……。しかし現実は厳しく、欲しい仕事と出来る仕事はあまりにギャップが大きく、初心を試されることばかりでした。自信を無くする前に自尊心が傷つくのは辛いことでした。

　そんな中で報酬に関係なく、本当に関わって良かったと思った仕事がありました。中でも財団法人日本児童家庭文化協会が主催した「いのちの輝き作詩大賞」の選者の一人として6年間、そして、財団法人「オイスカ」が発行する月刊『OISCA』誌の編集長として5年半関わりました。これらの仕事は世界の平和を考える上で、現在では、当たり前となっているSDGsを先取りし、見据えていました。

[詩集『いのちの輝き』——難病と闘う
子供たちとその家族へ贈る応援歌]

平成3（1991）年。当時、財団法人日本児童
家庭文化協会の顧問をしておられた吉田康麿氏
から、難病と闘っている子供たちやその家族そ
して関係者に、応援歌を贈る目的で行う「難病
と闘う子供たちの支援運動のキャンペーン」に、
協力して欲しいと依頼がありました。

詩集『いのちの輝き』

その具体的な内容は、難病と闘っている子供たちや、家族、関係者は
もとより、広く、一般からも、詩を募集して表彰するというものでした。

私は詩人の江間章子（故人）、宮中雲子、山中茉莉で女流詩人グルー
プ「クイーンズ」を結成して、3人で選者「クイーンズ」として協力さ
せてもらうことにしました。

「いのちの輝き作詩大賞」と銘打った、受賞作品の発表は毎年、難病
児のサマーキャンプ「頑張れ共和国」の建国式（開会式）の席上で行わ
れました。このキャンペーンの目的は、寄せられた作品を通して喜びや
悲しみなどの「心の呟き、心のささやき、心の叫び」を理解しょうとす
るところにありました。そして、その実態をより広く、より多くの人々
に知ってもらうことにより、社会の果たすべき役割は何かを考えて行こ
うとするものでした。

平成9年。それまで、毎年キャンペーンを実施し、蓄積された5回分
の応募作品の中から受賞作品を、一冊にまとめて『いのちの輝き作詩大
賞作品集』として刊行。その時に選者の一人として感想を著述したので
すが、5年間を振り返って、難病の子供たちとその母親の姿が、そのま
ま私と母の姿と、オーバーラップして、私はその挨拶文を書きながら涙
がとまりませんでした。

限りないゆらめきのなかで　　山中茉莉

―「発刊によせて」より抜粋―

　すべての人々は神の無限の愛に包まれ、その計らいによって生かされていると信じています。私はおおぜいの難病に苦しむ人たちを目のあたりにして、訳もなく神の不条理に苛立ちを感じておりました。

　難病の本人はもちろん、家族の方や看病に携わっておられる方などの計り知れないご苦労を察して余りあるものがあったからです。しかし、応募作品を拝見しているうちに、私は、かって自分が体験したことのない厳粛で、それでいて深い躍動感に包まれて行くのを感じました。

　それは真実の魂の迸りというのでしょうか、ほとんどの作品に共通するやさしい揺らめきのせいでした。

　明日という日が見えない難病と向かいあってなお、「ママ、僕を産んでくれてありがとう」と叫ぶ幼い魂に若い母親は、「ママはあなたに育てられたのよ。ママのほうこそありがとう」とその小さな魂をしっかりと抱受。表現こそ異なるものの、どの子もどの親も、看病する人も、それを見守る人も命が響きあって眩いばかりの輝きを放っていたのです。

　クローバーの花言葉は「約束」です。神様は特別な役目を持ったクローバーに一枚多くの葉をお付けになり、人々はその四つ葉のクローバーに「幸福」の花ことばを冠しました。私には難病の子供たちは神様に選ばれ愛されたクローバーなのだと思えてしかたがありません。

　生きることの厳粛さと尊さを教えるために、愛の使命を持って生まれた神様の至宝。優しい人にだけ見える真実の翼をつけて――。

　「いのちの輝き作詩大賞」の一選者の任を通して私は、沢山の真実の言霊に出会うことができたのですから、神様に感謝せずにはおれません。そして、作品の中から大切な宝のメッセージを見落とすことのないよう

にこころしてその任にあたらせて頂こうと思いました。

　それが、私自身の生きている証なのですから……。

　『いのちの輝き作詩大賞作品集』（財団法人 日本児童家庭部文化教会発行）より

　[月刊『OISCA』誌に込めた地球環境と利他の精神]
　財団法人オイスカインターナショナルは、本部を日本に置き、41の
国と地域で活動を展開する国際NGOです。「すべての人々が、様々な
違いを乗り越えて存在し、地球上のあらゆる生命の基盤を守り、育てよ
うとする世界」を目指して設立された財団法人です。

　私が出会った当時は、外務省、厚生労働省、農林水産省、経済産業省
管轄の特別財団法人でした。その後、公益法人制度改革に伴い2011年
2月に公益財団法人に移行しました。

　特記すべきは「オイスカ」は、日本はもとより、極東地域のなかでも、
国際NGOの草分け的存在で、平成6（1994）年には国連地球サミット
賞を受賞。私がこの「オイスカ」の編集長として関わることになったの
は、「国連地球サミット賞」を受賞の余韻が残る1996年8月のことでし
た。

　私が当時、所属していたシナリオ制作のプロダクションから、オイス
カの植林ボランティアの記録を映像化するにあたってのシナリオの依頼
がありました。それを受けて訪ねたのがオイスカとの出会いになりました。

　そのうちライターを離れて、自分の力で植林ボランティアに参加したいと自費でツアーに参加を決意。その時の植林先は当

ミャンマーで現地の子供たちと苗木を植える

時、世界で一番貧しい国と言われていた頃のミャンマーでした。

　貧しくて燃料を買えない人たちが木を伐採するため、山林は禿山と化し、大地は砂漠化して深刻でした。ミャンマー植林ボランティアに参加した人たちは行動力にあふれ、若いスタッフの方たちの姿は眩いばかりでした。現地にお金を落としてあげることも大切なので、植林する苗木も現地で調達し、現地の人たちと一緒になって苗木を植えました。

　その時、ふと疑問に思ったことがあります。「何度も何度も毎年のように植林している割には、木々の成長が思わしくなくないのはなぜだろう？」と。

　その原因を考えている時、現地の子供たちの会話から、「いくら沢山植えても、そのボランティアが帰ると、すぐに現地の住人たちが苗木を抜いて、次のボランティア団体に売っている」というのです。しかし、一番ショックを受けているはずの若いオイスカのスタッフは、淡々と、「知っています。そうしなければ生きていけない人たちがいることも事実なのですから。でも、植えた苗木を全部、引っこ抜くわけではありません1本でも2本でも残っていれば、私たちのしたことが無駄だったわけではありません。大切なのは、現地に行って現地の子供たちと一緒になって、行動すること。子供たちの未来に向かって植林したことは、子供たちの心の中で、育つ、その力を信じましょう。こうした活動は、忍耐と時間がかかりますね」と、逆に励まされてしまいました。

　すべての眼差しが、相手に向いていて「利他の精神」が徹底していることに気づかされました。ともすると、ボラティアに名を借りた恩着せがましさが出そうになりがちですが、逆にそれが、いかに恥ずかしいことかを、心に刻んだことでした。

　そしてオイスカの活動をもっと「知りたい、知らせたい」と、当時の会員1万人に向けて発行していた月刊『OISCA』誌の編集長を二つ返事

中野良子総裁

で、引き受けさせてもらいました。それまで、私が務めた編集長の中では一番、部数の少ない媒体でしたが、貴重な学びと出会いが一番多い媒体でした。

2002年12月に編集長を辞任までの6年5カ月の間に学んだ一番の収穫は「環境も政治も経済も、地球規模で考える」ことが大切ということでした。これは現在の核兵器廃絶に対する思考の源になりました。

そして、肝に銘じた忘れられない言葉があります。私を受け入れてくださった当時のオイスカインターナショナルの中野良子総裁（1933～2020）の言葉です。

「私たちは広大な宇宙の中で"地球"という"母なる星"に仮住まいを許された住人なのです。他の人のために、他の多くの生命のために汚さないよう、傷つけないよう、地球を充分生産力のある形で残す配慮が必要です。」

その後、お会いするチャンスもなく2020年9月に亡くなられたことを新聞で知りました。生前の総裁の、凛として命に向き合う姿は、眩いばかりに美しく憧れの的でした。

（3）別れの時

父の危篤

晩年の父は、子供のいない私を心配してくれました。そして、最後まで「人には親切に」と言い続けていました。きっと、人を思う心が孤独を回避してくれることを私に教えたかったのだと思います。思えば私はもの心ついた頃から父の存在を心の拠り所にして、その生きざまに一喜一憂して生きて来たのだと改めて思い知ることになりました。

　平成 17（2005）年 6 月。父の危篤の知らせを受けて、広島に向かう
新幹線に飛び乗った私は、父が以前、あわや海に落ちて死にかけた時の
ことを思い出していました。

　私が父に心配をかけたまま、結婚をして上京した頃、父はよく一人で
魚釣りに出かけていました。その日は珍しく夜釣りに出かけ誤って足を
滑らせて海に落ちてしまったのだそうです。その時のことを母は、

　「父さんは、もう駄目だと思った瞬間、紀子の顔が浮かんで "今は死
ねない" と夢中で何かにつかまって這いあがったそうよ。父さんは、寝
ても覚めても紀子を心配しとるのよ」と、父は私のことを怒っているの
ではなく心配しているのだと母は、何度も念を押していました。

　「とにかく、あんたはお父さんを生き返らせたんよ。お父さんに、今、
死ねないと思わせたのよ」と笑っていました。

　それでも私たち父娘の歳月は、周辺の環境も人も大きく変容させなが
ら明日に向かって走り続けていました。父の仕事を継いだ兄も弟も結婚
し、その子供たちも思春期を迎えていました。新幹線が広島に着いたの
は夕方近くでしたが、兄夫婦が迎えに来ていました。

　意識不明になって広島大学医学部病院に入院している父を見た時、私
はもう少し早く父の意識があるうちに来ればよかったと後悔していまし
た。

　一人にしてもらい、父に話しかけましたが、何の反応もなく、ただ眠
り続けている父。私は父の耳元でひたすら "ごめんなさい" を連呼して
いました。そしてあの時、私のことが心配で死ねないと言った父の言葉
を私は心の拠り所にして生きていたことを、改めて気づかされていまし
た。どうしても、息を引き取る前に感謝を伝えたい。親不孝を詫びたい
一念でした。

　看護婦さんが入って来られ、父の耳元で、「娘さんがいるのが分かり

ますか？　聞こえていますか」と言うと、父は「わかっている」と看護
婦さんの指を握り返したそうです。（そんなことはあり得ない、と思い
ながらも）「お父さんは、分かっていらっしゃいますよ」と言う看護婦
さんの言葉に、たとえ嘘でも奇跡でも、私はその一言に心底、縋りつき
たい思いで一杯でした。

　その数時間後に静かに息を引き取りました。死因は脳梗塞。享年 94
歳でした。

肥田舜太郎医師のこと──「被爆者なればこその花道を」

　2017 年 3 月 20 日、最後の広島原爆被爆医師・肥田 舜 太郎先生が 100
歳の天寿を全うされました。肥田先生は最後まで「被爆者は長生きをし
なければいけない」と言い続けて、生涯をかけて被爆者に寄り添ってく
ださいました。

　医師として内部被曝の恐ろしさを訴え、核廃絶、反戦、反核を世界中
に伝え、世界の平和のために力を尽くされていました。

　私が肥田先生にはじめて診察していただいたのは、平成 16（2004）
年夏の被爆者検診の時。広島の父が亡くなる前年のことですが、その頃
の私は、61 歳で専門学校などの非常勤講師をしていましたが、体は得
体のしれない痛みで悲鳴をあげていました。中でも辛かったのは立って
いると痺れのような猛烈な痛みが襲って来ることでした。後に発症する
「脊椎管狭窄症」によく似ていました。

　被爆者の友人に勧められ、当時、浦和の埼玉共同病院の院長でいらし
た肥田先生に被爆者健康診断を受けることにしました。先生は丁寧に診
察、レントゲン検査をしてくださり、すぐ「被爆者健康手当」が受給出
来るように、「運動機能障害」の診断書を書いてくださいました。

　その頃、ちょうど被爆者の間で背中の骨が変形する人が多く、「運動

機能障害」として、被爆者の手当ての対象となっていました。しかし、私はとっさに「いいえ、要りません」と言ってしまいました。

　講師は立っているのが仕事、立っていられないことが学校にバレたらすぐに解雇されると思ってしまったのです。そもそも体を守るためにフリーランスになったことを忘れてしまっていた私に、肥田先生は、

　「学校はいつまでも雇ってくれるわけではないでしょう。でもあなたは長生きしなければいけないのですから、そのためにも手当をもらうことが、健康の手助けになり、平和に貢献することになるのだから」と、懇々とお話しくださったのです。私は、こんなに、親身になって体を心配して下さる方がいると思うと嬉しくて生まれて初めて「被爆者なればこそ」の幸せもあることを噛みしめていました。

（4）私の健康

　改めて自分の健康について振り返ってみますと、小さい時から乗り物に乗るとすぐに酔って戻してしまうので、あまり遠出ができませんでした。それに、普段でも乗り物酔いをしているような気分の悪さを頻繁に感じていました。でも、それは私にとっては物心がついた時からだったので、皆も同じだと思っていました。

　したがって、元気な友だちを見て、羨ましいとは思わず、自分だけできないのは、私が怠け者なのだと思って自分を責めていました。体調の悪い時でも、よほどでない限り我慢して皆に同調していました。いつの間にか我慢に慣れて痛みに鈍感になっていったような気がします。

　「被爆者は風邪を引きやすい」と言われていましたが、血の循環が悪かったのでしょうか、冬には手足に霜焼や赤切れが出来て痛かったし、寒がりで、すぐに風邪を引いていました。

　子供の頃、銭湯に行って湯舟に浸かるとすぐに気分が悪くなっていましたし、走るとすぐに息切れがして辛かったのを覚えています。

　中学生になって、授業中に気分が悪くなり、保健室で横になっていると、担任の先生が迎えに来てくださり、その時「あなたは、ホントに弱いのねえ」と、やさしいお顔でヒステリックにおっしゃったので、強烈な記憶として残っています。

　自分が自覚していなかっただけで、やはり、私は体が弱かったのでしょうか。今、思うと、被爆した同級生（幼児被爆者）は、多かれ少なかれ同じような気分を訴えていたように思うのですが……。

　佐々木貞子さんが亡くなられたのも、当時の私たちと同じ 12 歳。私たちも生前の貞子さんと同じように、普段は皆元気いっぱいに飛び回っていました。

　それから、20 歳前後に、子供の頃と同じような症状が出て、両親に心配をさせていました。やたらと体が怠かった気がします。当時は、被爆者に限らず、若い女性に貧血症が多く問題になったりしていましたので、私もその類だと思っていました。

　夏などは、体が疲れやすかったのですが、その時は必ずと言っていいほど、私の体には黒い斑点のようなシミが出来ていました。

　結婚して、広島を離れてから被爆者健診を受けるようになりました。当時は東京にも被爆者の方が多くおられ、指定病院の待合室では、ふるさと広島の話で盛り上がっていました。不思議で、記憶に残っているのは「体調が悪い時には、被爆者検診を受診しても、結果は“異常なし”が多く、元気な時に受診すると“異常あり”が多い。だから被爆者は身体の調子がいい時に、検診してもらうといい」と、話していたことです。確かに。なぜか私の経験からもそれを大納得していました。

数千万人に一人の悪性腫瘍？

　令和2（2020）年に被爆者健康診断を受診。その時、どこが悪いという訳ではありませんが、ふと、長い間エコーを撮っていないことが妙に気になり、何年かぶりにエコーを撮ってもらいました。すると副腎に「傍神経節腫」という数千万人に一人か二人の珍しい悪性の腫瘍を発見することができました。その癌が周囲に転移していないかどうかを見るために、大腸の内視鏡検査をしていただき、盲腸に癌があるのを見つけていただきました。「傍神経節腫」とは別種の癌でした。

　かねてから、被爆者仲間と「被爆者は人の何倍も癌にかかりやすいので、酒、たばこはもちろん、不摂生な生活を避けましょうね」を合言葉にしてきたので、非常だなと思いましたが、しかし、一方で「やっと来たか」という、妙な受け入れ感のようなものがありました。

　物心ついたときから、周囲が被爆者ばかりの中で育ったせいか、心のどこかで、覚悟していた気がします。一方で必ず乗り越えられる気がしていました。そのための人生だったのだと……。この癌との出会いが肥田先生のおっしゃっていた「被爆者ならではの黄金の花道」を作ってくれる気がしていました。珍しい癌なら、それが被爆と関係があってもなくても、医学の研究に役立って死ねる。手術が成功なら、より深い意味を携えて平和活動に参加できるはずだと思いました。

　手術は成功し、3年間の経過診療を受診しましたが、その経過診療も異常がないということで、今年の春終了しました。

比治山から広島市内を望む

X. 段原の平和プロセス

（1）〈段原〉 戦後に終止符──そして家族も

　昭和 47（1972）年頃から始まった段原の再開発も 10 年後の 1980 年代に入ると、実家のあった宇品線以西地区は、街区が一新され、平成 4（1992）年から平成 7（1995）年にかけて、境界も大幅に改編されました。

　家に近かった母校の広島女子商業学園が地区外に移転。我が家の位置も元の場所から少し南に移動した道路沿いの場所でした。

　元の家の前にあった水路も坂道も平らに造成、整備され、住まいも 3 階建てのビルに建て替わって 1 階を工場、2 階に兄夫婦の家族、3 階に両親が住んでいました。使い勝手の良い家でしたが、3 階まで上がらねばならない年老いた両親には、少々きついようでした。

　開発が進むにつれて、段原地域は県内きっての美しい町並みに変貌を遂げました。私は東京で、フリーランスの身で働きながら、時折、里帰り。変容する段原の姿に戸惑ったり、驚いたり、一喜一憂しながら、私自身も大きな変容を迫られていたように思います。段原開発が終了したのは、平成 26（2014）年で、「やっと戦後が終わった街」と話題を集めましたが、父の後を継いでいた兄は、開発の最後を見届けることなく、

父の死を機に廃業して、市街に引っ越しを決意していました。少し認知症になりかけていた母を、交通の安全な郊外で、エレベーターのあるマンションに住まわせたかったようです。

（2）〈比治山〉「平和の丘」に

　段原開発が始まって終了するまで、40年間のうちに比治山も少しずつ整備されて、平和都市に相応しい「平和の丘」として生まれ変わって行きました。

　昭和55（1980）年、広島市が政令指定都市になったことを記念して、「芸術公園」として整備が進められ、公園内にモニュメントが設置され、合わせて博物館の建設構想も実施に移されて、「広島市現代美術館」や「比治山公園青空図書館」（現・広島市立まんが図書館）が建設されました。

　私たちが青春時代に比治山に座して夢みて誓いあった「世界の平和」。この大きな夢が現実味を帯びて、夢ではないと感じさせるほどに、変貌し続けていました。

　比治山の清掃を自分磨きの糧にしていた被爆者の二人、勉強を手伝ってくれたM君、親友のEちゃんは生きていたなら何と言うでしょうか。

　平成4（1992）年には、段原と広島の中心部を結ぶ「比治山トンネル」が開通しました。トンネルを抜ければすぐに京橋川で、平和大通りをまっすぐに走り、平和記念公園のある中心部まで車だと10分という便利さです。子供の頃、夏になると京橋川で泳ぐために、比治山を越えて鶴見橋の下まで歩いて通ったことが夢のようです。その比治山も、楽に登れるようになりました。

　平成10（1998）年には、エスカレーターと動く歩道を組み合わせた全長207mの立体歩道「スカイウォーク」が完成。わが家は比治山トン

ネルの東側入口に近く、そのすぐそばにあるショッピングセンターの3
階からスカイウォークで、比治山の頂上まで一直線に行くことが出来て
いました。

　父の晩年は、何があっても比治山の桜を私に見せるのが楽しみだった
ようです。春が来る度、両親とスカイウォークで頂上に行き、桜の下で、
時を忘れて、いつまでも積もる話をするのが恒例となっていました。

　父が亡くなってから、母は比治山には行かなくなり、兄は母のために
桜並木の美しい郊外に引っ越して行きました。

　思えば私の40年間は、両親に心配をさせたくない一念で、懸命に被
爆者を生きた私の分身「山中茉莉」の40年でした。これからは母の娘
としての使命を担って生きる「山中茉莉」でありたいと思い始めていま
した。

　被爆者を生きる私の心の軌跡は、段原の街が生まれ変わって、やっと
戦後の終幕を迎えたのと同じときで、それは段原の象徴でもある比治山
が「平和の丘」に変容していくプロセスそのものでした。

比治山スカイウォーク

比治山公園の桜

比治山公園のモニュメント

XI. ピースガーデン

平成 25（2013）年〜

（1） 母の最後の願いを

　平成 25（2013）年の 8 月。私は 70 歳になり広島に向かう新幹線の車中にいました。94 歳になった母が認知症で体が衰弱、余命いくばくもないと聞き、広島に行って母の最後の願いを聞き届けてやりたい……、と。

　平成 10（1998）年に十日市の伯母が原爆症で亡くなり、続いてその息子の聡も 3 年後に逝去。母は一緒に被爆した祖母や伯母を亡くしてからは、毎年 8 月 6 日の原爆死没者慰霊式には何をおいても参加していました。

　しかし、この数年、体力的に参加できずにいるというので、私が伯母の遺族として母の代わりに参加しようと決心したのでした。

　私の所属する「埼玉県原爆被害者協議会（通称：しらさぎ会）」の配慮で、埼玉県の遺族を代表して式典に参加させていただくことになりました。また、式典当日は全国の遺族代表として、当時の安倍晋三首相や、各国の代表の方たちと献花を。

　そして、奇しくもこの日、従弟の敏之が、原爆症のため、広島市内の

病院で亡くなりました。享年69歳でした。敏之の死亡は東京に帰って知ったのですが、当日知っていれば葬儀にも出席できたのにと残念でしかたありませんでした。

しかし、何はともあれ、無事、被爆者遺族の代表としての役目を果たし、母の願いを叶えることができました。しかし、この時の母はすでに認知症も重症化しており、娘の私が分からなくなっていました。それでも私は慰霊式に参加でき、何かしら母の思いに一体となった気がして、胸がいっぱいでした。

カンナの花の咲く庭

その年（平成25年）の12月。最愛の母が亡くなりました。それは、父が亡くなって8年後のことで、父と同じ享年94歳でした。最後に会ったのは4カ月前の原爆死没者慰霊式前日に、郊外の病院に見舞った時でした。その時はすでに何も話すことはできませんでしたが、病院の玄関先に咲いているカンナの花を見て、母とカンナの花のことを思い出していました。

子供の頃、段原にもたくさんのカンナの花が咲いていました。比治山の麓に県庁があった頃、旧国鉄宇品線の最寄り駅「上大河駅」から我が家まで、比治山沿いの近道は畑が広がり、夏にはカンナの花が赤い大きな花びらを広げていました。

この近道は、比治山の山陰になるので夏は涼しいのに、母はこの近道を避けて表の段原通り（段原商店街）を遠回り。カンナの花を避けるためでした。母はカンナの花を極端に怖がり、拒絶反応を見せていました。その理由は原爆が投下された8月6日の朝、被爆した庭にカンナの花が

咲き誇っていたからです。

　母は終戦後も、原爆の悲惨な呪縛から抜けることができず、苦しみ続けていました。あの日、多く人が瓦礫の下敷きとなり、あっという間に炎の海に呑み込まれてしまいました。しかし、母は私と兄を助けるのが精いっぱいで、誰ひとり助けることができませんでした。

　皆を見殺しにして逃げた――。そのことが、母を生涯苦しめ、夏になると決まって「あの時、私は鬼になった」と心情を吐露していました。

　カンナの赤い大きな花びらは、燃える炎によく似ています。炎に囲まれて逃げ場を失いかけた時と赤い花びらがオーバーラップしていたのでしょう。

　母が亡くなる数年前、認知症が重症化して何も分からなくなる前にと思い、段原に里帰りしていた私は、母を連れ出し比治山の裾野を散歩することにしました。その頃、段原開発計画で宇品線の廃線跡地もきれいに整備。「上大河駅」からの近道だった比治山の裾野辺りの田畑も住宅地になっていました。

　段原の変容もさることながら、母の容体もすでに私のことは分からなくなっていました。

　それでも何かの拍子にふと、私を認識し、「いつ、来たん？」。記憶が過去と現在を行ったり来たり交錯しているようでした。「今、来たところ！」と手を差し出すと嬉しそうに歩き始めたりして……。

　しばらく歩くと母は立ち止まり、道端に赤く咲いたカンナの花を、じっと覗き込んでいました。あれほど怖がっていた花なのに！　私は思わず母のもとに駆け寄り、母の肩を抱き締めていました。

　「お母さん、よかったね。やっと、原爆から解放されたね」と。

　母は、キョトンとして今にも泣きだしそうな私の顔を、じっと見ていました。

　母が私を忘れていくことを、「淋しくない」と言ったら、嘘になりますが、それよりも母は、あの辛い記憶から少しずつ解放されていくのだと思うと認知症も悪くない、神仏の"お慈悲"のように思えたのでした。

　原爆が投下されて廃墟の中で最初に咲いたのはカンナの花だったと言われています。カンナの花言葉は「慈悲」。伝説では、お釈迦様の血が大地に滴り落ちて咲いた花だと祖母に聞いたことがあります。私は祈り続けています。

　──お母さん、あなたが私を忘れても、私は忘れない。幾百万年生まれ変わっても、会いたい。平和な時代に赤いカンナの花咲くお慈悲の庭で、あなたに会いたい。

（2）使命　平和の種まき──世界に向けたまなざし

ヒバクシャ地球一周証言の航海：母の弔い

　平成26（2014）年。母が亡くなって49日の法要を済ませると、私はピースボートの「ヒバクシャ地球一周証言の航海」に応募しました。これは被爆者が、ピースボートに乗り、世界の人々に被爆体験を伝えて核兵器の非人道性を訴え、核廃絶のメッセージを世界に届けるというものです。

ピースボートでの講演

　私は原爆投下の当日は2歳だったので記憶はありません。だから、記憶のある高齢の被爆者の役に立ちたいと思いました。母のつもりで、荷物持ちでもなんでもして、証言活動の支えになることが、母への弔いになるはずだと……。

　参加が許され外務省の「非核特使」の委嘱を受け「おりづるプロジェ

クト」の一員として参加することになりました。このプロジェクトは、7人の被爆者と2人のユースでチームを編成。このチームには、私と同じ幼児被爆者が3人参加していました。3人で「記憶のない被爆者の記憶」というテーマで、証言会をして、幼児被爆者の苦悩も聞いてもらうチャンスとなりました。

　一番の収穫は、私は記憶が無くても、母から聞いていたことを丁寧に思い出しながら話すと、ちゃんと伝わる被爆証言ができることが分かったことでした。

　このツアーでは、若い皆さんに、認知症の母とカンナの花の話をすると、皆さんで「カンナの花」の作詩作曲をして歌って下さり、太平洋の真ん中で、きれいな歌声が船上のホールに響き渡り、気が付くと場内の皆さんの頬が涙で濡れていました。世界のどこに行っても、平和を願う人たちの、勇気と優しさに包まれて、あっという間の105日間でした。

ニューヨーク：国連 NPT 再検討会議と証言活動

　翌年の平成27（2015）年4月、ニューヨークの国連で開催されたNPT（核不拡散条約）再検討会議に埼玉県原爆被害者協議会から派遣されて参加しました。この時、代表団の方たちが分散して、各地で被爆証言会に参加することになりました。私たちのチームは、フィラデルフィアのペンシルベニア大学とニューヨークのリセ・ケネディ日本人

ルイ君との交流を伝える新聞記事

学校で開かれた証言会に参加。私は双方で、中広町での家族の被爆体験を聞いてもらいました。この時、とても心に残ることがありました。

　ニューヨークのリセ・ケネディ日本人学校を訪れた時のこと。教室では小中学生と保護者ら約 60 人が集まって証言を聞いて下さいました。被爆証言が終わると、ニューヨーク市内でドイツ人の父と日本人の母と暮らすローレンツ・ルイ君（当時 9 歳）が母親のケイさんと一緒に私のもとに駆け寄って来られました。

　可愛いルイ君は、ボールペンと手帳をしっかり握って、私にインタビューを申し込まれました。

　彼は「広島、長崎でどれだけ悲惨なことがあったか分かりやすく伝える本を作りたい。それを売ったお金で、原爆被害の本を沢山買って、世界の学校に寄付したい」と、真剣な顔でした。

　ルイ君の傍らで母親のケイさんは、「日本に帰国した際に、広島を訪れ、被爆者の話を聞き、原爆がもたらした惨劇に大きなショックを受けたようですが、しかし、学校で、誰に訊ねても誰も知らなかったことから、自分で調べようと思いたったのが始まりです。アメリカに暮らす日本人として、核兵器を世界からすべて無くしたいという息子に協力したい」と、話して下さいました。私はこの「アメリカの小さな後継者」に会えて本当によかったと、心から出会いに感謝したことでした。あの可愛い透き通った目をしていた少年ルイ君は、今、どんな青年になっているでしょうか。

再びの「ヒバクシャ地球一周　証言の航海」

　平成 28（2016）年 5 月には当時のアメリカのオバマ大統領が広島を訪問し、被爆者と面会したことが世界的な話題となりました。この年の秋に私は 2 度目の「ヒバクシャ地球一周　証言の航海」に参加しました。この航海では、生涯忘れることのできないお二人との出会いがありました。

［クリフトン・トルーマン・ダニエルさん］

クリフトンさんは、昭和 20（1945）年 8 月の原爆投下の責任者だったアメリカ大統領ハリー・トルーマンのお孫さんです。ピースボートの水先案内人として、レイキャビックから乗船され、ニューヨークまでの短い間でしたが、被爆者に寄り添って下さり、行動を共にしていただきました。クリ

クリフトン・トルーマン・ダニエルさんと

フトンさんは、祖父のトルーマン元大統領に原爆投下について聞いたことはなかったそうですが、「折り鶴」と出会う機会があり、そこから原爆の被害者について考えるようになったそうです。お会いした時は、折り鶴を通して平和を発信する活動をしていらっしゃいました。

彼は物静かな紳士で、ご自分の意見をはっきりとおっしゃり、行動に移しておられる姿に、私は自分の意思で行動することの勇気を教わりました。

［アリ・ビーザーさん］

アリさんは広島・長崎に原爆を落とした際、両方の飛行機に乗っていたという世界で唯一の経験を持つ飛行士のお孫さんです。彼は、「僕の役割は被爆者のストーリーをアメリカの人に伝え、日本の人に祖父のストーリーを伝えること」と言い、大学卒業後に被爆者のストーリーを語りはじめた

アリ・ビーザーさんと

そうです。しかし、被爆者に会わなければ実際に広島・長崎で起きたことは分からないと、来日した経験も。

彼は、ピースボートの地球大学（各、国や地域から選ばれて参加）の一人として参加していました。私は、地球大学の皆さんに被爆者の話を聞いてもらいながら、多くの行事にご一緒したことから親しくさせていただきました。

彼は、人懐っこくて優しい青年で、私を色々と気遣って「紀子さんは僕の日本のおばあちゃん」と言ってくださり、広い船内のどこで出会っても握手かハグで、挨拶してくれました。地球大学はいつもチームで行動しているため、アリ君が私を見つける前に、チームの誰かが見つけてアリ君に教えていることも。

「過去の過ちは起こしてはならないから」と真摯に学ぶ彼の視線は、常に未来を見据えて輝いていました。ニューヨークで下船することになった彼は、お母様を船に呼び、私を紹介してくださいました。

「えーと、紀子さんが僕のおばあちゃんだから、ママは紀子さんの、ナニ？」

「娘ですよ」と私が言うと、「お若いのに。そんな……」と彼のママが恐縮しておられたのが微笑ましく思い出されます。いつの日か、もう一度お会いできたらどんなに嬉しいことか……。きっと、りっぱな紳士になって、素敵な女性と結婚していらっしゃることでしょう。夢でもいいからアメリカの「ひ孫」に会いたいものです。

ヨーロッパ・核兵器禁止条約のための批准要請と被爆証言

令和元（2019）年11月。「核兵器禁止条約のための批准要請と被爆証言ツアー」に参加し、ヨーロッパ各国で被爆証言をしてきました。これは、「ICAN（核兵器廃絶国際キャンペーン）」が企画したもので、2年前の平成29（2017）年に核兵器禁止条約が成立したことを受け（同年にICANはノーベル平和賞を受賞）、一刻も早く、核兵器禁止条約を批

准する国が増えて、発効にこぎつけて欲しい。そんな思いで参加しました。この時の訪問地は、アンドラ公国、モナコ公国、キプロス共和国などヨーロッパの国々です。私は11月1日に成田を出発。9月初旬に横浜港を出港して世界を回っているピースボートと各地で合流しながら各国の政府関係者を訪問。核兵器禁止条約の批准を要請して回りました。

［アンドラ公国へ］

空路でスペイン・バルセロナに到着。まずアンドラ公国に向かいました。スペインとフランスに挟まれた人口約8万人の小さな国。ピレネー山脈の一隅にあり、交通手段はバスのみ。中世の岸壁都市と、アートな時代が融合したような魅力あふれる国でした。急な訪問にも関わらずマリア・ウバック・フォン外務大臣が丁寧に耳を傾けてくださいました。

［モナコ公国：アルベール2世に謁見］

モナコ公国は地中海の都市国家です。ICANのジャン・マリー氏と、ピースボートの吉岡達也共同代表とご一緒でした。モナコ大公・アルベール2世が宮殿で待っていてくださいました。母の形見の着物をリメイクした洋服で殿下にお会いしました。

殿下は終始、深く頷きながら私の被爆証言に目をそらすことなく聞いてくださり、「貴重なお話をありがとうございます。深く心に刻みます」と、お土産まで用意して温かく迎えてくださいました。

私は証言活動を続ける現在の思いと、「殿下にお話しを聞いて頂いたこの日が、希望という宝物になりました」とお礼を述べました。

アルベール2世モナコ大公殿下と。お土産に扇子を持参した（提供／ICAN）

[キプロス共和国へ]

　キプロス共和国はトルコの南地中海に浮かぶキプロス島の大部分を占める共和制国家です。政府に影響力のある3つの団体（キプロス勤労人民進歩党、キプロス平和委員会、南北中立反核兵器団体）を訪問しました。

　どの団体も真剣に耳を傾けてくださいました。特に印象に残ったのは、キプロス勤労人民進歩党（AKEL）国際部長のベラ・ポリカルポウさんです。ベラさんは母の話を中心とした私の証言を聞いて、ご自分のお母さまのことを思い出されたらしく、帰り際に「私の母も10歳の時にアウシュビッツに送られました。ただ一人生き残り、91歳で今年6月に亡くなりました」と、耳元で囁かれました。私は思わず「お互いに、生き残った者の使命を果たして参りましょうね」と、彼女を抱きしめていました。

　彼女は目を潤ませ、「必ず、必ず！」と何度も頷いておられました。

　——この他にも、合流したピースボートの中では、ドイツのチュービンゲン大学の学生さんたちに被爆証言を聞いていただきました。

　スペイン・バルセロナでは地元の音楽家カザルスが作曲したチェロの名曲『鳥の歌』の生演奏に合わせて自作の原爆詩『その朝の命』を朗読し、大きな感動を皆さんと共有することができました。

　どの国にも、平和を願い核兵器の廃絶を求めている人々がいることを実感して、2週間の旅を終え、帰国の途につきました。

（3）学びが明日を照らしてくれる

80歳で約束の「6つの学位」を取得

　令和5（2023）年3月。私は80歳で放送大学の全コースを卒業し、やっと半世紀以上も前の約束の借りを返すことが出来ました。就職も進学も

絶望的に望めない被爆者の私を、編集者として採用して、ライターとして育ててくださったＫ先生。同じ被爆者として生きる勇気と人間としての尊厳を矜持していきる意味を教えてくださったことは、一生涯の宝となりました。

　当時、編集者に大学卒業は必須条件だった時代、「学歴は後払いでいいから、先に実力を身に付けてフリーになりなさい。ただし、将来、必ず勉強して"学位を修得し、借りを社会に返しなさい"」、この言葉を胸に深く刻んで生きて来ました。

　平成 21（2009）年 4 月に、後払いでいいとは言え、ずいぶんと遅くなりましたが、働きながら学べる、通信制の大学「放送大学」を選択し、「人間と文化」コースに全科履修生として入学しました。

　4 年後の 2013 年卒業。念願の「学位」を頂くことができましたが、それを待っていたように、その年の暮れ、母は亡くなりました。

　これを機にピースボートの「おりづるプロジェクト」をはじめとする証言活動に参加しようと決意。それは「世界平和を願う被爆者の気持ちを世界の人に伝える大切な使命」なのですが、実際には、誰でも出来るというものではないことに気が付きました。世界には色んな人がいて、どんな質問や意見が飛んで来るか分からないのです。戦争、政治、歴史、福祉環境、社会などの、戦争や核兵器を取り巻く知識や理解がなくては被爆者の証言は成立しないことを痛感。

　何よりも、目まぐるしく変化し続ける社会情勢の中で、新しい知識の習得理解という、リカレント（学び直し）の必要性を感じていました。

　学びは自分の言葉で話すための大切な武器だと確信し、改めて全コースの学位を修得することを決意。2013 年 3 月「人間と文化」卒業の後は、

　2013 年 4 月「生活と福祉」に入学。2015 年 3 月「生活と福祉」卒業。

　2015 年 4 月「心理と教育」に入学。2017 年 3 月「心理と教育」卒業。

2017 年 4 月「社会と産業」に入学。2019 年 3 月「社会と産業」卒業。
2019 年 4 月「自然と環境」に入学。2021 年 3 月「自然と環境」卒業。
2021 年 4 月「情報」に入学。2023 年 3 月「情報」卒業。——この卒業をもって全コースを修了。合わせて 6 つの学位を取得しました。これに伴い 2023 年の卒業式では学長より、「学長表彰」と「名誉学生」の称号を授与していただくことができました。所属する多摩学習センターのセンター長からは「ダイアモンド賞」〈生涯学習奨励賞〉を頂きました。

これらのことを励みに、これからも、若い人たちに刺激を沢山頂けるように、心の畑を耕しておこうと思います。畑には時々新しい土を入れると植物がよく育つ。学びも同じだと思いました。

私も年相応に、物忘れが激しくなっており、大学の面接授業でも何時間もかけて教えて頂いたのに、自宅に着く頃には、学んだことをすっかり忘れていることがあり落ち込むことも度々です。でも、不思議なことに、年を取ると理解力のボルテージが、俄然アップしてくることに気づきました。

つまり、物忘れはあっても、若い頃より理解力が深くなっているので学びの楽しさも深い、これが「年の功」というものでしょうか。ともあれ、いつでも明日を照らしてくれる場所があるのは幸せでした。

改めて思い起こせば、学びの原動力ともなった、世界に向けて被爆証言を聞いてもらう機会を与えて下さったピースボートの川崎哲代表と、日本原水爆被害者団体協議会代表委員の田中照巳先生に、何度多くの勇気を頂いていたことでしょう。川崎さんとの出会いがなかったら、K 先生との約束を果たす学位を取得するためだけの 4 年間で終了していたかもしれません。

そして、田中照巳先生は、私が所属する埼玉県被害者協議会（しらさぎ会）の会長も兼ねておられたことから、私が放送大学で学びながら会

の活動を続けていることに対し、「学びは奥深いところで、きっと被爆者の本当の使命を気付かせてくれるはず」と言って励まし続けてくださいました。その上で全コース卒業することができたら卒業式に駆けつけることを約束してくださり、私はその言葉にどんなに励まされたかしれません。（実際にはコロナ禍で断念することになりましたが）先生が卒業を見届けて下さると思っただけで頑張ることができました。

学びの大切さと被爆者の使命があることを気付かせて下さった
田中照己氏（左）と川崎哲氏。高田馬場にある、ピースボート
センターでの ICAN のノーベル平和賞報告会で（2017 年 10 月）

最近では学校の授業などで被爆体験を聞いて頂く機会が増えています

エピローグ　被爆証言で未来を耕す─私のピースガーデン

名も無き二つの家族

世界初の原子爆弾で被爆し、惨禍の中を懸命に生き抜いた母と伯母の二つの家族。この名も無き家族の、かけがえのない命の記憶を残しておきたいと思いました。気が付けば祖母、母、伯母、そして従兄弟の聡、端、敏之。みんな原爆症の症状を抱えて亡くなっていきました。現在、残っているのは、私と兄の勝洋（82歳）、そして伯母の3男の渉（82歳）だけとなりました。

兄は広島市の郊外で暮らしていますが、被爆した時の熱線による火傷がケロイドとして残り、そのケロイドの近くに血栓ができ、何度手術しても、同じ場所にすぐにできてしまうので、不安が絶えません。医者に何度聞いても、「ケロイドには関係ない」と言われるのだそうです。本来なら安心なはずなのに、兄は、あまりハッキリ「関係ない」と言われると、なぜか、無性に腹がたつと言っていました。子供の頃からこのケロイドで差別され、心の傷を広げてきた兄にとってはやりきれないものがあるのでしょう。

従兄の渉は千葉県の浦安市に住み、被爆者の「つくしの会」で、伯母の意思を継いで核兵器廃絶と被爆体験を継承する語り部活動をしています。

記憶のない幼児被爆者

本著を記すにあたり、もう一つの視点にこだわりました。それは、今まであまり語られてこなかった「記憶のない幼児被爆者」の視点です。昨今クローズアップされている、「幼児被爆者の苦悩」に向き合いたい

と思った時、それは、自分自身に向き合うことに他ならないことに気がつきました。

ともすると、記憶がないというだけで「被爆2世」と混同して捉えられることもしばしばです。しかし、広島で被爆した私の同級生は多かれ少なかれ、記憶のない幼児被爆者としての苦悩を抱えて生きて来ました。親友Eちゃんが、亡くなる前に、「被爆者を隠した親を憎んだことはないが、それを理由に、"騙された"と離婚を迫った夫を憎んだ」と、吐露していましたが、それを夫に言わせる社会の風潮も悲しいことでした。

そうしたやり場のなさを私たちは嫌になるほど味わってきました。彼女たちの苦悩は記憶のないことそれ自体だという理由も、ここにあります。

継承の庭

最近は小学校から高等学校まで、平和教育の一環として、授業で被爆証言を聞いて頂くことが多くなりました。学生の皆さんのそれぞれの年齢に自分の記憶を重ね合わせながら被爆者としての思いをお話させて頂いています。

学校という学びの庭に被爆者の証言が平和の種として、少しでもたくさん芽吹いてくれるよう祈りながら、活動を続けています。

被爆証言会で、被爆体験を継承するということは、未来の畑を耕していることになるのでしょうか。耕した畑に未来の種を撒き、幸せの花を咲かせ、祈りの実をつけ、そして種になり、平和を願う人々の心の庭に芽を吹く……。

継承していくことで繰り返し芽吹いていく平和。誰もが心の片隅で大切にしているピースガーデン。大切に守っていきたいと思います。

最後に、この本を手にしてくださった皆様に、改めて、ようこそ、私のピースガーデンへ。そして、ご来園ありがとうございました。

「核なき世界」に向けて

　令和5年5月19日、本著を書き上げペンを置こうとしていた時
のこと、テレビをつけると、各局がこの日から始まる「G7広島サ
ミット開催」の模様を中継していました。そして、次の瞬間目に飛
び込んで来たのは、岸田文雄首相の案内で主要7カ国（G7）の首
脳が揃って広島の平和記念資料館（原爆資料館）を訪れようとして
いる光景でした。夢ではない現実の画面。息をのむ思いで、釘づけ
になって見入っていました。

　岸田文雄首相は広島選出の初めての首相でもあり、彼の広島第1
選挙区は私が育った段原町を含め被爆者が多く住んでいる地区。そ
れだけに岸田首相に核兵器廃絶、平和政策に期待する人たちが多く
います。

　今は亡き被爆者の親友Eちゃんが、晩年に「私は政治のことは
よく分からないけど、地元の岸田さんに、総理になってもらいたい。
彼は被爆者の気持ちを一番分かってくれているはずだから。私らは
ワラをも掴む思いで岸田さんを応援しているのよ」と言っていたこ
とを思い出して感慨深くテレビに見入っていました。

　G7の首脳たちは平和記念資料館の中では被爆者の話にも耳を傾
け、その後、死没者慰霊碑に献花して、平和記園公園内で被爆桜を
植樹していました。また急きょ参加したウクライナのゼレンスキー
大統領も同じように、岸田首相の案内で、平和記念資料館を訪れ、
原爆死没者慰霊碑に献花。また、G7終了後には、招待されていた
韓国のコン・ソンニョル大統領と岸田首相が揃って、平和記念公園
の中にある韓国人被爆者の慰霊碑に参拝している姿は感慨深いもの

がありました。

　ともあれ、岸田首相が「核のない世界」に向けた「ヒロシマ・アクション・プラン」の柱のひとつとして「各国の指導者に被爆地訪問を促す」を掲げ、実現にこぎつけたことを実感した一瞬でした。

　願わくば、今回のサミットを実りあるものとするために、国連で採択された「核兵器禁止条約」についても、前向きな議論が展開することを期待したいものです。また、参加された影響力のある方々（＊）に、この被爆地・広島で、何をどう感じたのか、それを言葉にし、行動にして平和な世界へと繋げて頂けることを願わずにはおれません。皆さんが広島から持ち帰った平和の種が、世界中のピースガーデンに、希望の芽を吹きますように。

（＊）Ｇ７広島サミットの参加者

　19日から21日まで開催された主要7カ国首脳会議（Ｇ７サミット）の首脳が揃って広島平和記念資料館を訪れたのは初めてのことでしたが、今回のサミットには、8つの国と7つの国際機関が招待されていました。

　招待国は、① 豪州（アルバニージー首相）② ブラジル（ルラ大統領）③ コモロ（AU議長国）アザリ大統領 ④ クック諸島（PIF議長国）ブラウン首相 ⑤ インド（G20議長国）モディ首相 ⑥ インドネシア（ASEAN議長国）ジョコ大統領 ⑦ 韓国ユン・ソンニョル大統領 ⑧ ベトナム（ファム・ミン・チン首相）。

　招待国際機関は、① 国連 ② 国際エネルギー機関（IEA）③ 国際通貨基金（IMF）④ 経済協力開発機構（OECD）⑤ 世界銀行 ⑥ 世界保健機関（WHO）⑦ 世界貿易機関（WTO）ですが、この招待国、招待国際機関の代表は、それぞれ、平和記念公園内にある平和記念資料館と、原爆死没者慰霊碑を訪れていました。

秋の約束／ひろしま

「もういいかいっ もういいよーっ」
ふるさとの比治山が
炎の色に包まれる季節
山の小道で
耳を澄ますと聞こえてくる
一瞬にして炎に包まれた
あの夏の日の
幼い命たちの歌声
舞い散るモミジを
そっと両手にいただけば
真っ赤に被爆した
小さなちいさな掌たちが
小指を翳して歌い出す
「ゆびきりげんまん さがしませーっ」
山の何処かに隠れたまま
もう、とっくに
かくれんぼは終わったというのに
探して欲しいと歌っている
未だ探し出せない無数の骸
風となって焔となって
探して欲しいと歌っている
夕日のなかに揺れゆれて
探して欲しい と歌っている
「もういいよーっ もういいよーっ」

Autumn Promise / Hiroshima

"Ready or not, here I come!"
Mt. Hiji, in my hometown,
aflame in seasonal color

On a small mountain path
I listen carefully and hear
a moment aflame
on that summer day

The songs of those small children.

I receive the falling leaves
into both palms

Those tiny palms,
burned solid red

They raise their pinkies in promise and sing
"Let's play hide and seek – come find me!"

Hidden somewhere on this mountain
in the distant past,
though our game has long ended,
they sing on: "Come find me!"

Countless corpses waiting to be found

They become the wind, they blaze,
and they still sing out to be found

Mingling in twilight
they sing out to be found
"Come find me! Come find me!"

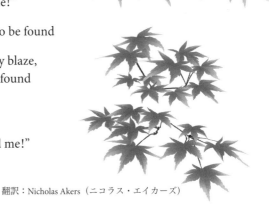

翻訳：Nicholas Akers（ニコラス・エイカーズ）

祈り －継承するということ

ほんのちょっと
被爆者の話に耳を傾けてください
あの日のことを
昔ばなしにしないために

一瞬の閃光が走った朝
その街に何があったのか
愛を 家族を 命を
閃光が消し去ったものを
思い浮かべてください
時に被爆者の気持ちになって
無念な死を遂げた 多くの命に
寄り添うあなたでいてください

証言のバトンを受け取ってください
知ることで見えてくる
語ることで感じる
ありのままの命
大切なのは被爆者になっていく
あなたの気持ち そして存在
大切なあなたのメッセージを
あなたの愛する人々の
あしたの命に繋いでください

地上の人々が平和に暮らせる
被爆者を出さない唯一の方法は
あの朝の証言と継承
被爆者の証言は「祈り」なのですから

そうなのです
被爆者の気持ちになるということ
それは あの朝に向き合う
あなたの勇気にほかになりません

Prayer – passing the torch of testimony

If for only a moment,
lend a survivor your ear
that the story of that day
not fade into history

A flash across that morning sky,
and in that city
was snuffed out, in an instant,
love, family, life.

Envision this
from time to time, as if you yourself are hibakusha.

Those bitter deaths – so many;
please become one who stays by their side.

Receive the torch of their testimony.

When you know, you will see,
when you speak, you will feel
life as it is.

And as you see through hibakusha eyes,
what is vital is this: the feelings, the presence,
the message you then desire to share
must connect to tomorrow
in the lives of those you love.

All peoples on this Earth can live in peace.

Only one path avoids creating hibakusha anew.
Testimony – the passing on of that morning.

This is the prayer of the hibakusha.

Truly,
to feel what the hibakusha feel
requires of you only
the courage to face that morning.

翻訳：Nicholas Akers（ニコラス・エイカーズ）

Peace Garden - Since 2013 -

Last wish

August 2013

I was on the bullet train (shinkansen) heading to Hiroshima. I was 70 years old. I had heard that my 94-year-old mother had grown weak due to dementia and her life was coming to an end. I rushed back home to see my mother and wanted to hear her last wish.

In 1998, my aunt who lived in Tokaichi City died of A-bomb disease, and was soon followed by her son Satoshi two years later. After the death of my grandmother and my aunt, my mother participated in the Hiroshima Peace Memorial Ceremony for the Atomic Bomb Victims on August 6 every year.

However, in the past few years, she was no longer able to participate, so I decided to attend on behalf of her as a bereaved family member.

I was a member of the Saitama Prefecture Council of Atomic Bomb Victims (Known as the Shirasagi Association), and they kindly let me participate in the ceremony on behalf of the bereaved families of Saitama Prefecture. On the day of the ceremony, as one of the representatives, I offered flowers with former Prime Minister Shinzo Abe and other representatives from various countries. I was able to fulfill my role and fulfill my mother's wish.

Unfortunately, my mother had already developed severe dementia, and could no longer recognize me. Nevertheless, I felt united with my mother's thoughts by participating in the ceremony, and my heart was filled with joy.

Canna Flower Garden

My beloved mother passed away in December 2013. She was 94 years old, the same age as my father when he passed away eight years ago. The last time I saw her was four months ago when I visited her hospital before attending the August 6 Hiroshima Peace Memorial Ceremony. I was no longer able to communicate with her. As I looked at the Canna flowers blooming at the hospital entrance, I recalled memories of my mother and the flower.

When I was a child, there were many Canna flowers blooming in Danbara, the neighborhood in Hiroshima City where I grew up. When the prefectural office was located at the foot of Mt. Hijiyama, I took the shortcut from Kami-Ookoh station to my home. This station was the former Japanese National Railways Ujina Line, and it was the closest station from my home. That shortcut route was filled with Canna flowers, whose red petals widely spread out in summer.

This shortcut had shades and it was cool during the summertime, but my mother avoided this route and took a detour along Danbara Street (Danbara Shopping Street). She never took the shortcut because she wanted to avoid the Canna flowers. My mother was extremely afraid of Canna flowers. It was because they reminded her of the atomic bombing on August 6. That day, when the A-bomb was dropped, Canna flowers were in full bloom in our garden. After the war, my mother was traumatized from the bombing, and she continued to suffer. On that day, many people were covered in rubble and were quickly covered as fire spread. My mother was busy helping me and my brother, so she could not help anyone else.

She left them behind and ran away. This tormented my mother for the rest of her life, and in the summertime, she always mentioned, "That morning, I was a demon."

The large red petals of Canna flowers resemble a burning flame. The flowers must have overlapped with the memory of being surrounded by flames and almost losing her way to escape. A few years before my mother died, I decided to take her out for a walk at the foot of Mt. Hijiyama. I thought it was better to bring her out before her dementia became too severe. We walked around the Ujina Line. It was nicely reconstructed due to the Danbara Development Plan. The foot of Mt. Hijiyama and the shortcut route to Kami-Ookoh Station had also been remodeled into residential areas.

Danbara's transformation was quite remarkable, but my mother's condition was also quite different from the days when we lived there.

While walking, there were moments she would suddenly recognize me. She would ask, "Oh, when did you come?" Her memories seemed to go back and forth between her past and present. I replied back, "Oh, I just came!" and I asked her to hold my hand. She smiled and we walked again happily...

Then, she suddenly stopped and gazed into the red Canna flowers on the side of the road. That was the flower she avoided all her life, but now she was happily gazing at it! I ran up to my mother and hugged her.

"Mom, that's great. Your trauma finally went away. You were finally liberated from the A-bomb."

I was about to cry but my mother stared at me wondering why. I would be lying if I said that I'm not sad about her forgetting me. However, more than that, I appreciated her dementia because she was gradually being free from her painful memories. My mother's health condition was the "mercy" of God and Buddha.

It is said that the first flowers that bloomed after the A-bomb were the Canna flowers. My grandmother once said that Canna symbolizes "mercy," and there is a saying that the flower bloomed after Buddha's blood dripped onto the earth. My prayers are with her.

Mom, even if you forget me, I will never forget you. Even if you are reborn for millions of years, I still want to be with you. I hope to see you in the "Garden of Mercy" where Canna is in full bloom and where peace is promised."

Planting the Seeds of Peace: Gazing into the World

"Global Voyage for a Nuclear-Free World: Peace Boat Hibakusha Project": Mourning of Mother

2014

After my mother passed away and after completing the Buddhist memorial service, I applied for "Global Voyage for a Nuclear-Free World: Peace Boat Hibakusha Project." This was a program where Hibakusha, A-bomb survivors, traveled around the world with Peace Boat and gave personal testimonies about the effects and the inhumanity of the nuclear weapons and called for nuclear abolition.

I was 2 years old on the day of the atomic bombing, so I don't remember it. However, I wanted to join this project and help the elderly who vividly remembers and who can share their testimonies. I was determined to support others by carrying their luggage and by helping their testimony events. I believed this would be in memory of my mother.

My application was accepted and I was commissioned by the Ministry of Foreign Affairs as a "Special Communicator for a World without Nuclear Weapons" and became a member of the Peace Boat Hibakusha Project. This project consisted of seven A-bomb survivors and two youths. There were three survivors like me, who experienced the atomic bombing at a young age. The three of us had a testimony session under the theme "Memories of Hibakusha without memories." The audience had the opportunity to hear the sufferings of young survivors. It was a big realization that even if I had no memory of that day, I was able to share a testimony if I reflected carefully back to my memories I heard from my mother.

During this session, I shared my memories to young audience about the Canna flowers and my mother. One day, several members of an audience composed a song named "Canna Flower," and while we were sailing in the middle of the Pacific Ocean, they sung this song in beautiful voices. It was a touching moment to see people moved into tears from this song. This project brought me to various places, and I met courageous and kind people who wished for peace. The 105-day voyage passed by in the blink of an eye.

NEW YORK: UN NPT Review Conference and Testimonies

The following year, in April 2015, I participated in the NPT Review Conference held at the United Nations (New York) as one of the representatives of the Saitama Prefecture Council of Atomic Bomb Victims. The representatives divided into groups and participated in A-bomb testimony sessions in various places. My group participated in sessions held at the University of Pennsylvania in Philadelphia and the Lyceum Kennedy Japanese School in New York. At both sessions, I shared my family's experiences of the atomic bombing in Nakahiro-machi. During the event, I had a very memorable moment with a young participant.

At the Lyceum Kennedy Japanese School, about 60 elementary and junior high school students and parents gathered to listen to the testimony. Lorenz Rui, 9 years old back then, who lived in New York City with his German father and Japanese mother, ran up to me with his mother, Kay, after the event.

Rui held his pen and notebook and asked me if he could interview me.

He said, "I want to publish an easy-to-understand book that shares how tragic the bombings were in Hiroshima and Nagasaki. Then, with the money I earn, I want to buy many A-bomb related books and donate them to schools around the world." He was very serious and very determined..

Rui's mother said, "When we visited Japan, we visited Hiroshima, listened to the stories of the A-bomb survivors, and were shocked by the tragedy caused by the bombing. When my son returned to New York, no one knew about this tragedy. That made him decide to do his own research. As a Japanese living in the US, I would like to support my son, who wants to eliminate nuclear weapons from this world, as much as possible." I was so grateful and glad to have met this "little peace advocator and successor." I wonder how he is doing now.

"Global Voyage for a Nuclear-Free World: Peace Boat Hibakusha Project" Another Journey Begins

In May 2016, then U.S. President Barack Obama visited Hiroshima and met with A-bomb survivors, which became big global news. The same year, in autumn, I participated in "Global Voyage for a Nuclear-Free World: Peace Boat Hibakusha Project" once again. During this voyage, I had a memorable encounter with two people.

[Clifton Truman Daniel]

Clifton is the grandson of U.S. President Harry Truman, who was responsible for the A-bombs used in August 1945. As a guest speaker, he boarded the ship from Reykjavik to New York, and he worked closely with the A-bomb survivors. Clifton never heard about the event directly from his grandfather, but he had an opportunity to encounter origami paper cranes, and that made him begin to think about the survivors. When we met, he had been doing peace activities using paper cranes.

He was a quiet gentleman, but he clearly voiced his opinions and was never afraid to put them into action. His attitude taught me to have courage to act on my own will.

[Ari Beser]

Ari is the grandson of the only aviator in the world who was on both planes when the A-bombs were dropped on Hiroshima and Nagasaki. He said, "My role is to tell the stories of the survivors to Americans and the stories of my grandfather to Japanese." Soon after graduating from university, he started his activities to share his testimonies. He came to Japan to meet survivors and to listen to their first-hand testimonies in Hiroshima and Nagasaki.

He was participating as one of the students of Peace Boat Global University. These students were selected from different countries and regions. I had a chance to share my testimonies with them.

Ari was a friendly and kind young man who took great care of me. He said, "Noriko-san, you are my grandmother in Japan." He always came up to me to give me a handshake or a hug whenever I was around. Global University members always hung out in groups, so if someone in the group found me, he or she would tell Ari that I was around.

"We should never repeat the same mistakes." That was his message and that is why he studied earnestly. His gazing eyes promised me a brighter future for the world. When he finished his program and got off in New York, he invited his mother to see the ship. He also introduced me to her.

"Well, Noriko-san is my grandma, so what will my mom be for you, Noriko-san?"

I said, "She will be my daughter.," His mother was surprised and told me, "You're still too young to be my mother. I don't think I qualify." It was a happy and fun moment, and I really thought, "I wish I had a family like this!" How happy I would be to see him again... He's probably a nice gentleman and might be married to a nice lady by now. I would like to meet my American "great-grandchildren" someday.

In Europe: Request for ratification of the Treaty on the Prohibition of Nuclear Weapons and testimony of A-bomb survivors

In November 2019, The International Campaign to Abolish Nuclear Weapons (ICAN) organized a project to raise awareness of the humanitarian consequences of nuclear weapons and call for the ratification of the Treaty on the Prohibition of Nuclear Weapons (TPNW), and I joined to share my testimony in European countries. Following the establishment of the TPNW in 2017 (ICAN was awarded the Nobel Peace Prize in the same year), I wanted more countries to ratify the treaty so that it would enter into force. That was my motivation to participate in this program. I visited European countries such as the Principality of Andorra, the Principality of Monaco, and the Republic of Cyprus. I left Narita airport on

November 1st. Peace Boat had already started its voyage in early September, so I joined the group from November. I visited various countries and met government officials. During each visit, I requested them to sign and ratify the TPNW.

[Principality of Andorra]

I took a flight to Barcelona, Spain, and headed to the Principality of Andorra. Andorra is a small country with a population of about 80,000 located between Spain and France. The city is located at the edge of the Pyrenees, and the only way to get around is by bus. It was a fascinating country where you can enjoy the fusion of art and medieval times. Despite the sudden visit, Foreign Minister Maria Ubach Font welcomed us and listened to my testimony.

[Principality of Monaco: Meeting Albert II]

The Principality of Monaco is a city-state in the Mediterranean. Mr. Jean-Marie Collin of ICAN and Mr. Yoshioka Tatsuya, Executive Committee Member of Peace Boat, and myself headed to the palace, and Albert II, Prince of Monaco, was waiting for us. I wore my mother's kimono, which I had remade into a western outfit.

His Serene Highness nodded deeply and listened to my testimony. At the end he said, "Thank you for sharing your valuable memories. I will engrave it deeply in my heart." Before we left, he even handed gifts to us.

I expressed my gratitude to him and shared my determination to continue my peace activities. I told him, "Today became a memorable day and a treasure of hope."

[Republic of Cyprus]
The Republic of Cyprus is a republican state where most of its island is located in the southern Mediterranean Sea of Turkey. I visited three organizations that have strong influence over the government, AKEL (The Progressive Party of the Working People), Cyprus Peace Council, and Cyprus Green Action.

All three organizations listened carefully to my testimony. My encounter with Vera Polycarpou, the International Director of AKEL (the Progressive Party of the Working People), was especially memorable. Vera listened to my testimony, in which I shared a lot about my mother's experience during the war. The stories resembled her mother's stories, and as I left, she whispered in my ear that, "My mother was also sent to Auschwitz when she was 10 years old. She was the only survivor in her family but passed away this June. She was 91." I hugged her immediately and said, "Let's fulfill our missions as one of the last survivors."

Her eyes watered and she nodded, "Of course I will!"

While I was on the Peace Boat, students from T? bingen University in Germany listened to my testimony. In Barcelona, I was able to share my great excitement with everyone by reading my poem "Sono Asa no Inochi" (translated as "Life on That Day") with a live performance of the famous cello piece"Song of the Birds"composed by the local musician Pablo Casals.

I realized that there are people who wish for peace and are calling for the abolition of nuclear weapons no matter which country they live in. After a two-week trip, I returned home.

Learning illuminates a brighter future - Obtaining the 6 Degrees -
March 2023

I graduated from all 6 courses offered at the Open University of Japan and was finally able to complete my promise I made more than half a century ago.

Back then, my boss K hired me as an editor and trained me to become a writer. I was an A-bomb survivor who was hopeless to find a job or go on to higher education.

K taught me to live courageously as an A-bomb survivor and to maintain dignity as a human being.

At that time, when university graduation was a prerequisite to becoming an editor, he said, "You can catch up later with your educational background. You should acquire the necessary skills first and then you should work as a freelancer." "But don't forget that in the future, be sure to study and earn a degree, and repay your debt of gratitude."

In April 2009, I finally entered the Open University of Japan, a correspondence university where I could learn while working. I enrolled in the "People and Culture" course. Four years later, in 2013, I was able to receive my long-awaited degree. At the end of that year, my mother passed away. I felt as if she was waiting for me to get the degree.

After getting my first degree, I decided to participate in testimony activities starting with Peace Boat's "Hibakusha Project." It is an important mission to convey to people around the world the feelings of the A-bomb survivors who wish for world peace, but in reality, I realized that not everyone can do it. There are many different people in the world, and you never know what questions and opinions will come to you. I keenly realized that the testimony of the A-bomb survivors cannot be done without wide knowledge and understanding of war, politics, history, welfare environment, society, and other aspects surrounding nuclear weapons.

I also felt the need for recurrent education (relearning) to acquire and understand new knowledge in this rapidly changing society.

This realization convinced me that learning is an important weapon for speaking in one's own words, so I decided to acquire degrees in other courses from this university. After graduating from "Humanities and Culture" in March 2013,

I enrolled in "Living and Welfare" in April 2013.

Graduated in March 2015.

I enrolled in "Psychology and Education" in April 2015.

Graduated in March 2017.

I enrolled in "Society and Industry" in April 2017.

Graduated in March 2019.

I enrolled in "Nature and Environment" in April 2019.

Graduated in March 2021.

I enrolled in "Informatics" in April 2021.

Graduated in March 2023.

Upon graduation in 2023, I completed all courses and earned 6 degrees. As a result, at the graduation ceremony, the university president conferred on me the title of "Honorary Student." With this achievement, I will continue to cultivate my heart so I can receive more stimulation from young people. Plants grow well if new soil is added to the field once in a while. I thought it was the same with learning.

As I get older, I am becoming more forgetful. I often felt disappointed with myself for spending hours in class but forgetting what I have learned by the time I got home. But strangely, I noticed that as I get older, my comprehension level is gradually increasing.

In other words, even if you are forgetful, your understanding is deeper, so the joy of learning is deep as well. In any case, I was happy to have a place that always illuminated my future.

Cultivating the Future with A-bomb Testimonies:
My Peace Garden

Recently, I have been sharing my testimonies as part of peace education programs at nearby schools. While sharing my memories of the atomic bombing in a way that fits each student's age, I share my thoughts as a survivor.

I continue to give my testimony, praying that Hibakusha testimonies will sprout as seeds of peace in the garden of learning.

Will the testimonies cultivate the fields for a better future? Planting the seeds and cultivating the fields for peace leads to a blooming garden full of flowers of happiness. They become seeds again, and will sprout in the gardens of the hearts who wish for peace... By continuing this process, the peace garden within everyone's hearts will be in full bloom. I believe the peace garden inside everyone's heart, is carefully protected. I hope we can all care for our own gardens.

A final message to everyone who opened this book, "Welcome to my peace garden. Thank you for your visit."

Mari Yamanaka

謝　辞

　かれこれ 30 年も前になるでしょうか。植物文化史に定評のある八坂書房の先代社長に、「花ことば」の本があるのに、鉱物に冠せられた言葉がないのはおかしいと申し上げたところ、私に『宝石ことば』を執筆させて下さいました。この本は日本におけるパワーストーンブームの魁となったと自負しております。その先代社長のご子息である現社長が、今度は誰も書かなかった幼児被爆者、つまり「最後の被爆者の苦悩」を書かせて下さることになりました。出版不況が言われて久しいこのご時世、営業的に考えると苦しい選択であったはずです。それにも拘らず、被爆者の証言を記憶遺産として残すという出版の意義を優先して下さった英断に、ひたすら感謝しかありません。そして、ピースボートをはじめ、多くの方々のご協力に励まされて、本書を書き上げることが出来ました。皆様、本当にありがとうございました。

　　　　　令和 5（2023）年 6 月 22 日　　　山中茉莉

協力：ピースボートおりづるプロジェクト
翻訳：山本直美、アナリス・ガイズバート、渡辺里香
詩翻訳：ニコラス・エイカーズ
写真提供：広島平和記念資料館、中国新聞社、ICAN、岸田哲平、川本祥雄、広島原爆被災撮影者の会、学校法人広島白鳩学園、高瀬 毅、隆杉 渉

著者紹介
山中茉莉（やまなか まり）

日本初のカラー版女性向け情報
紙『シティリビング』の初代編
集長をはじめ、数紙（誌）の編
集長を経て、専門学校・大学の
非常勤講師を務める（1991〜
2011）。
著書に『宝石ことば』『星座石 守護石』『淡水真珠』（共
に八坂書房)、『宝石』(日本法令)、『ザ・フリーペーパー』
『新・生活情報紙』（共に電通）他、詩集『歳月への手
紙』（沙羅詩社）、『女人獣想』（家庭教育新聞社）、『女
人想花』（すばる書房）他、TVシナリオ「太陽にほえ
ろ」「極める」他。
日本ペンクラブ、日本文芸家協会会員。広島市出身。
本名：坂下紀子。

ピースガーデン ……継承の庭……

2023 年 7 月 25 日　初版第 1 刷発行

著　者　山　中　茉　莉
発行者　八　坂　立　人
印刷・製本　シナノ書籍印刷 (株)

発 行 所　(株) 八 坂 書 房

〒101-0064 東京都千代田区神田猿楽町 1-4-11
TEL.03-3293-7975　FAX.03-3293-7977
URL: http://www.yasakashobo.co.jp